Mónica Volonteri

Quisiera ser un pez

BAINGÓ

EDICIONES BANGÓ
reinventando el placer del texto
bangoediciones@gmail.com

Título original: *Quisiera ser un pez*
Primera edición: 2009
Segunda edición: 2018

© EDICIONES BANGÓ & MÓNICA VOLONTERI

© Diseño de portada: Ediciones Bangó

Ilustración de la portada: Pablo Picasso, *Mujer llorando* (retrato de Dora Maar), 1937, Tate Gallery. Londres.

ISBN: 978-9993484578

Para mis hijas.

Tengo un corazón, mutilado de esperanza y de razón
Tengo un corazón que madruga donde quiera.
Ese corazón se desnuda de impaciencia ante tu voz,
pobre corazón, que no atrapa su cordura.

Quisiera ser un pez para tocar mi nariz en tu pecera
y hacer burbujas de amor por donde quiera,
pasar la noche en vela mojado en ti;
un pez... Para bordar de corales tu cintura
y hacer siluetas de amor bajo la luna,
saciar esta locura mojado en ti...

Juan Luis Guerra

Parte uno

I

Quisiera ser un pez para salir nadando por entre mis propias lágrimas y detener este suplicio tan íntimo, tan doméstico, tan anónimo y desesperado. Quisiera que se fuese de la casa, silencioso, caminando, y que no volviese. No que se muera, simplemente que desaparezca, que se evapore en un hálito de deseo y me deje en paz. Quisiera poder dormirme; mañana a las seis va a sonar el despertador y nadie podrá evitar que la vida continúe. El colegio, las niñas, su erección matinal y mis exigencias interminables de ser perfecta, de disimular este malestar milenario, de no ser obvia, de no prenderme de rabia y salir corriendo y quemar hasta los documentos de identidad.

Siempre quise ser un pez para nadar río arriba o abajo o hundirme en el Mar de las Antillas y encontrar el espíritu de Alfonsina o de Virginia Wolf detrás de un coral exquisito. Quisiera sinceramente poder dormirme en un vaivén de brisa falsa de abanico ruidoso y soñar que soy otra: una sirena enamorada del reflejo de la luna sobre la superficie y despertar de madrugada con deseos de desayunar tostadas de pan integral. Me doy vuelta. Lo evito. Trato de no rozarlo, me agito, comienza la tos. Él se va de la habitación. Me ahogo. Una de las niñas se despierta. Un milagro hace que no me vea y va donde el padre. Ve luz. Estoy salvada: puedo seguir ahogándome tranquila. Bebo mi medicina. El aire vuelve a pasar con regularidad. Logro dormirme y, cuando me despierto, ya la media noche está entre nosotros. Mientras mira televisión me pide excusas. En febrero se va a Miami a tramar un futuro aun mejor que el que tenemos, a colocar sus productos en mercados más promisorios. Yo tenía ganas de llegarme hasta Nueva York y reunirme con unos amigos diferentes, lejanos, más libres que yo. Pero quizás me quede en las ganas. Siempre estoy soñando con irme, el único que viaja es él. Yo me quedo nadando en los charcos de sangre de la menstruación, o de los líquidos que despide el refrigerador al descongelarse, o en el jugo de los pampers meados, o en las gotas de sudor del joven del colmado que trae el agua. Llegará la mañana y yo sin poder dormirme, sin encontrar la posición que me quite el malestar. Él ya duerme, ya encontró la paz necesaria. De súbito llega la mañana y se cuela el café por la ventana, y un uniforme planchado se coloca en el cuerpo de una de las niñas, y comienza la semana. No soy más un pez, soy una madre de familia, una esposa y una psicóloga argentina exilada en el Caribe. Mi marido es diseñador y fabricante de muebles. Mis hijas se llevan cinco años y la mayor tiene ocho. Morena, la doméstica, nos hace a todos la vida más llevadera.

—Vamos, que se hace tarde.

—Sí, sí, las nenas están terminando de desayunar.

—Miren, que me voy.

—Morena, de almuerzo prepare el pollo.

—Sí, doña.

—Ana, deja ese biberón y vamos.

Cargo a la más chica para llegar hasta el carro y la más grande se queja del peso del bulto. Él ya está en el carro, impaciente, con el pie en el acelerador. Subimos las tres y salimos rápido hacia la trama imposible de la ciudad, donde miles de automóviles pugnan por transitar, por pasar, adelantarse en las intersecciones, y ahí otra vez me pierdo en la nube somnolienta de la mañana que crece en calor a pesar del aire acondicionado, y una nube veloz cubre el sol y me lleva a mi patria. Me deslizo por los confines de mis recuerdos y soy la trucha del lago patagónico que nada hasta las costas del Río de la Plata y se convierte en pececillo de color escarlata para traspasar las alcantarillas de la universidad. Leo a Freud, descifro a Lacan, entiendo a Piaget y hago mi residencia en el Hospital Ameghino, un centro de atención diurna para simples neuróticos sin poder adquisitivo. Mi cerebro límbico quiere una boda y lo logra con este joven arquitecto proveniente de Mérida, México, y que me enamora con los boleros de Armando Manzanero. Nos mudamos a Nueva York, hago la maestría en conflictos familiares, él en diseño de muebles, y descubro que la clase media argentina tiene inconsciente y el resto de la gente no. Sigo nadando y el agua podrida del desagüe pluvial me devuelve llena de basura al atolladero de la Lincoln y 27 de Febrero en Santo Domingo, un lunes a las siete cuarenta y cinco de la mañana. Suenan las bocinas, la presión arterial de mi esposo debe estar por estallar: ya no le digo nada, es peor. Finalmente, el colegio. Me bajo, las dejo en sus aulas y vuelvo a subir al carro. Me acuerdo del axolotl, el pez del cuento de Cortázar, y me encantaría transformar a un hombre, encontrar un compañero para navegar hasta los

13

mares del sur y aparearnos en invierno y despedirnos en primavera.

—¿Hoy qué te toca, el hospital o el Instituto?

Respondo y vuelvo a preguntarme, en el silencio más absoluto que solo las esposas son capaces de hacer: "Si yo sé todos sus horarios, ¿por qué el no sabe los míos?"

—El Instituto —respondo.

Por esa zona de la ciudad el tráfico es más suave y llegamos de una vez. Antes de bajarme, me vuelve a reprochar por mis represiones sexuales y mi falta de voluntad para aprender a manejar. De mi aspecto físico no dice nada: tengo cuarenta años y soy muy flaca, hoy por hoy es casi como ser bonita. Tampoco soy fea.

—Hablamos en otro momento, estoy llegando tarde. Hay pacientes esperándome.

—Para ser psicóloga, te gusta hablar bastante poco. Vives ensimismada: para hablar contigo hay que pedir un turno.

—No seas irónico, a mí me encantaba hablar pero con tu agresión permanente me fui callando.

—Te estarás identificando con esas mujeres golpeadas que atiendes en el Instituto. Soy mexicano: soy machista, pero no golpeo.

—No con la mano.

—Bueno, ya tuviste que salir con la interpretación metafórica de la chingada vaina.

—Parece que a lo mexicano ahora se le suma el dominicano.

—Y a ti a lo argentino psicoanalítico se le suma el feminismo latinoamericano.

14

—Antes eras más auténtico, ahora pareces una caricatura de hombre.

—Y tú eras más suave, más femenina, ahora pareces una lesbiana bonita.

—Creo que es suficiente, ¿por qué no nos divorciamos?

—Ah, no, a mis niñas no las dejo, y además, aun me pones cachondo.

Camino sin mirar atrás. Entro al Instituto, un sitio pobre, triste, con una única recepcionista y secretaria para siete profesionales: un médico legista, cinco psicólogas y una abogada. El nombre es demasiado para lo que es el edificio: Instituto Dominicano para la Prevención de las Disfunciones Familiares. Tres consultorios, uno sin ventanas, paredes pintadas con el verde que le sobró al cuartel de policías, como veinte sillas desvencijadas y un presupuesto estatal exiguo. Sobrevivimos con los fondos de la Unión Europea.

—Buenos días, Yocasta.

—Buenas, doctora. El doctor Abreu la está esperando con una mujer en su consultorio.

—¿Rosalba no ha llegado?

—Sí, pero está con esa familia de Los Mina, la de la niña abusada...

—Está bien.

Entro y me encuentro un cuadro espeluznante: una mujer de unos treinta años con la cabeza partida, literalmente, un tajo a lo largo de toda la frente y una niña de doce años llorando.

—Pero, Abreu, ¿qué hacen aquí? Esto es para el hospital y para la comisaría, acá no hay nada que prevenir.

—Es la mujer de mi hermano.

Miro extrañada, pues en la boda de Abreu me presentaron al hermano y estaba con una mujer blanca de Santiago, esta no era aquella. Tal vez tenía otro hermano, de padre o de crianza, así que no digo nada. Abreu le pide a la niña que nos espere afuera. Ella obedece.

—¿Quién la dejó así?

—Mi hermano.

—Pero, esta...

—Sí, esta es la que tiene en la calle, y la niña es mi sobrina.

No sé muy bien qué cara pongo, pero es de un desagrado muy profundo, de asco. No me habitúo a ese ritual poligámico tan institucionalizado. Ya sin mucha paciencia, le pregunto a Abreu qué quiere de mí.

—La niña está en shock.

—¿Por qué?

—Se enteró de que mi hermano es su padre...

—Pensé que estaba en shock porque vio que su padre casi mata a su mai —digo con toda la ironía femenina que el caso amerita, y le sumo la soberbia argentina.

—No fue así: mi hermano está muerto.

—Mierda...

—Sí, el hermano de esta le pegó tres tiros.

—¿Cómo te enteraste?

—Justo estaba llamando al celular para decirle que iba a ser tío y me atendió ella —señala a la mujer— gritando como loca, pidiendo auxilio. Me fui para Pantoja. Tardé demasiado en llegar, pero lo hice antes que la policía. Tú te imaginas la situación: el asesino había tenido tiempo de huir; la madre de esta —me señala a la mujer con la cabeza partida— llorando; la niña muda y esta acá desangrándose.

—¿Dónde dejaste a tu hermano?

—Está en el baúl de mi carro.

—Tú estás loco.

Abreu se desmorona y comienza a dar gritos. Trato de calmarlo, le explico que afuera hay pacientes y que vamos a hacer lo posible por solucionar el problema. Logro sentarlo. Curo como puedo a la mujer, con lo poco que aprendí en un curso de primeros auxilios en Nueva York antes de dar a luz a la primera de mis niñas. Finalmente, llamamos al jefe del cuartel de policía del área donde está el Instituto, que es donde, por lo general, se ponen las denuncias de maltrato, para luego ir a la Fiscalía. El coronel Asunción Silva viene acompañado de un grupo de subalternos. Convencen a Abreu de llevar el cadáver del hermano a Patología Forense. Todo se calma. A Mireya le cosen la cabeza en el Darío Contreras antes de trancarla, y la niña, no sé cómo, se queda conmigo. Tengo que hacer algo con ella, comenzar a desbloquearla, hipnotizarla, regalarle otra vida o convertirla en un pez para llevarla conmigo a las peligrosas aguas del Canal de la Mona y desafiar a los tiburones, esos bichos malos que se comen las almas de los que, como yo, queremos escapar.

II

Abro la puerta del consultorio número dos. Entro e invito a la niña a pasar. Me siento detrás del escritorio pero, antes de que ella se siente del otro lado, me arrepiento y saco la silla del lugar de poder y la coloco a la par de la suya. Nos sentamos. Le tomo las manos: las tiene congeladas. No sé como empezar. Le ofrezco agua o un té. No quiere nada. Opto por abrazarla: se resiste. Me paro, la dejo sola, voy a la cocina y, de camino, la secretaria me dice que la familia Pimentel García me espera. Levanto la mirada y los encuentro sentados en las sillas plásticas color naranja: ella busca agradarme y él mira displicente por la ventana. Paso delante de ellos. Siento una mirada masculina en mis nalgas y casi podría adivinar sus pensamientos: "Esta gringa lo que necesita e un tíguere como yo que se la singue". Una vez en la cocina me sirvo café proveniente de una cafetera eléctrica. Mientras lo endulzo, aparece Rosalba y me pongo a llorar.

—¿Qué te pasa?

—Ahorita te explico. Tengo una niña de doce años en el consultorio que acaba de ver cómo asesinaban al padre.

—No jodas. ¿Necesitas ayuda?

—Sí, mejor ven conmigo. En estos casos, cualquier cosa aleja. Tú sabes, mi acento, mi aspecto...

—O.K. Vamos.

Hacemos el recorrido inverso y, esta vez, me detengo a hablar con los Pimentel García para explicarles que se nos presentó una emergencia y que van a tener que esperar. Ella dice no tener problema en volver otro día, pero él asegura que no vuelve, que pidió permiso en el trabajo y que no es verdad que va venir de vuelta para este sitio. Antes de que el hombre se suba más, Rosalba le explica con esa mezcla de firmeza y diplomacia de la que solo son capaces algunas dominicanas —a las cuales envidio profundamente— que, si no quiere que lo tranquen, tendrá que venir todas las veces que sea necesario. El señor Pimentel se calma. Vuelve a mirar por la ventana y casi repite su pensamiento anterior, pero ahora con Rosalba: "Esta india lo que no tiene en la casa es un hombre de verdá que se lo clave". Seguimos nuestro camino al consultorio número dos y encontramos a la niña en la misma posición que la dejé. Sentadita en la silla, con los moños revueltos, la faldita roja, unos calipsos azul claro y una blusa de tiritos estampada, parecía la imagen misma del desamparo. Su cuerpo no tenía un solo lugar de fortaleza, estaba devastada. Me atrevo a romper el silencio:

—¿Cómo te llamas?

—Indira —me contesta sin sacar los ojos de las manos que se anudan en su regazo.

—¿Tienes ganas de hablar con nosotras de lo que pasó? —pregunta Rosalba.

20

Indira niega con la cabeza y, frente a mis ojos, se transforma en un renacuajo que espera en las aguas estancadas del Ozama a algún mosquito distraído para comérselo. Finalmente, atrapa uno, pero con dengue, y muere antes de nacer, antes de croar por las noches. Su cadáver se pudre entre unas matas enterradas en el agua y un diablo nocturno se bebe su alma. Ahora Indira ha comenzado a temblar más fuerte, con una intensidad sobrenatural y le sugiero a Rosalba llevarla al hospital. La niña cae al piso y comienza a hablar con una voz grave, como si estuviese poseída. Dice cosas extrañísimas y nos pide ron.

—Creo que se montó, llama a la secretaria.

Intento levantarla, pero Rosalba me dice que no la toque. Salgo, vuelvo a mirar a los Pimentel García con simpatía y busco a Yocasta, una enorme mujer de Hacienda Estrella. Entra, la mira y diagnostica: "Tiene un cruce. Se le montó un muerto, y creo que es Candelo".

—¿Qué hay que hacer?

—Nada, dejarla que se le pase o llevarla donde alguien que tenga un altar.

—¿Tú conoces a alguien?

—Sí, pero la verdad es que no es bueno moverla.

—Entonces voy a atender la los Pimentel García y vuelvo —digo, y Rosalba asiente.

Los hago pasar al consultorio número tres. En el uno está una compañera colombiana que ha venido por un año para completar su tesis sobre machismo y racismo. Se sientan y me coloco del otro lado del escritorio. Intuyo que a ella le gustaría ser un toro macho para entrarle a golpes a su marido, y que él ni siquiera desea ser más que lo que es. Sin embargo, quisiera que lo dejaran en paz para así poder hacer todo lo que le dé su maldita gana. Hago las preguntas de rigor. Me contestan. Ella se queja, y él asegura que está haciendo todo lo posible para comportarse. Les doy algunos consejos prácticos y algunos ejercicios conductistas. Se despiden y les recuerdo que aun necesitan venir dos veces más. Nunca volverían: ella se iría de la casa con un motoconchista y le dejaría los muchachos, cuatro varones y una hembra. Nos enteraríamos por una visitadora social de la Fiscalía designada para visitarlos y averiguar por qué no habían vuelto al Instituto. Cuando lo supe, se me representó ella otra vez convertida en un toro macho, con un clítoris enorme e insaciable que el pobre motoconchista, de seguro joven y flaquito, debía mamarle para que ella quedara satisfecha y, solo después de eso, le permitiera subir sobre su enorme vientre para buscar la vagina humedecida. El señor Pimentel le paga a una vecina para que cocine y le peine a la niña, y por las tardes se amarga en el colmado, nos maldice a las psicólogas al compás de alguna bachata de Raulín o del Chaval. Fin de una historia que no pudimos cambiar, a la que no pudimos torcerle un destino genético. No está de más decir que evitamos el asesinato, cosa nada despreciable, teniendo en cuenta lo que me esperaba en el consultorio número dos. En el uno estaba terminando la colombiana.

—¿Algún cambio? —pregunto al entrar.

Rosalba y Yocasta no me contestan. Están en el piso y cada una le toma una mano. El lado del muerto está frío; el de Candelo, caliente. Trato de dar una explicación veloz y, sin irrespetar las creencias populares, concluyo que el doble shock la permeó para que se le montaran estos seres. La colombiana también entra al consultorio y aprovecho la oportunidad para explicarle a todo el mundo lo que yo sabía de aquel aunto. Todas se quedan más que sorprendidas. Entre lamento y espanto, decidimos llevar a la niña al consultorio y acostarla en la camilla para que, por lo menos, esté más cómoda. Cada tanto habla con una voz gruesa y profunda como si viniese del más allá. En una, grita: "Alguien me ha matado por la espalda, esto fue una traición". Luego deja de temblar y se duerme profundamente hasta las once y media de la mañana. En sus sueños, quizás, se escapa con unos gitanos del Circo Suárez montada en el lomo de un oso polar y nunca conoce a su padre y tampoco lo ve morir.

Rosalba llama a Abreu al celular y le pregunta qué hacemos con la niña y contesta que lo que queramos. Está enojado, enardecido, y apenas nos explica dónde se velará al hermano. Cuando ella le pregunta por la madre de la niña, cuelga el teléfono. Yocasta se va cuando dan las doce. La colombiana se monta en el carro de un compañero de universidad que la pasa a buscar para vivir un tórrido romance antes de tomar las clases de Sociología de la Marginalidad, y nosotras dos nos miramos.

—¿Qué carajo vamos a hacer?

—Bueno... —dice Rosalba —esto está difícil.

—Quizá lo mejor sea llevarla con la abuela.

—¿Dónde vive?

—Con la niña y la madre, ahí en Pantoja.

—Pero Pantoja es grande.

De manera inesperada, Indira se cuela en la conversación y dice que ella sabe llegar a su casa desde la avenida Duarte. Rosalba le pregunta si quiere ir para allá y ella dice que sí. Llamo a mi esposo y le pido que pase a buscar a las niñas porque me surgió una emergencia. Soporto sus ironías que van desde la fortuna que estoy haciendo ayudando a los pobres hasta la malicia de sugerir que, finalmente, logré tener un amante violento. Cuelgo, sin antes tirarle un rápido "después te explico". Rosalba no llama a nadie porque hace años que el marido la dejó por una jovencita sin estudios y con un tremendo afán por usar celular y montarse en la jeepeta del doctor. Sus hijos ya son grandes y están en la universidad, la mayor se fue a Chile a hacer una maestría en economía.

Antes de salir, mi intuición de pez me dice que debemos volver a insistir con la niña y ver si quiere decir algo, si sabe lo que pasó. Y no fallo: sale de su charco de agua estancada a la superficie y, con una enorme sonrisa de rana enamorada, confiesa que ella hace rato sabía quién era su padre, solo que se hacía la tonta para contentar a la madre. Es más, un día que estaba enojada porque no le compraron el uniforme para apuntarse a tiempo en la escuela, le dijo a su abuela que el ingeniero Abreu era su papá. Le dijo a la abuela que cuando fuera grande iba a estudiar en la universidad como él, y ahí fue que le dijo que lo sabía. La abuela se santiguó, pero no se lo negó. Entonces, cada vez que él venía a ver a su mamá, ella se escondía para verlo más de cerca, para verle sus manos finas, para olerle ese perfume elegante y admirar sus camisas planchadas con niágara en sitios donde las planchas calientan bien porque la luz no se va y es potente. Indira pisaba en las huellas que dejaba su padre en el lodo fresco y cerraba los ojos: se veía entrando al consulado con él, saliendo con un pasaporte flamante y visado. Llegaba a Nueva York, no en yola, sino en avión, no a trabajar de cualquier cosa, sino a comprar tenis, zapatos, ropas, maquillajes, cadenas, buenos productos para desrizarse, y no esas porquerías que venden en la Sirena de la Mella.

Una sirena que ya no le canta a los náufragos, ni a los marineros perdidos, una sirena que tiene sus entrañas repletas de mitos dolorosos y de cremas para blanquearse.

III

La niña de doce años se recupera del shock en el carro de Rosalba y renuncia a sus sueños de telenovela. Sabe que ya no hay salvación, que su madre estará trancada por un largo tiempo, que su tío caerá preso tarde o temprano y que es seguro que su abuela se la va llevar a Barahona. ¿Qué va a hacer la vieja sola en Pantoja? En el Sur, con suerte, terminaría el liceo y después tendría un marido, una posibilidad de volver a la capital a estudiar o, si echaba un cuerpo, la mandaría a cuerear como su madre a alguna construcción de hotel por el Este, con el cuento de prepararle la comida a los obreros. Ya ni siquiera es una rana. En cuestión de horas se ha convertido en un gallo de riña. Dejó la posibilidad inquieta de las aguas y se hundió en el estiércol de los gallineros.

—Avísame cuando tenga que doblar.

—En la próxima entrada, a la derecha.

Cuando pasamos por el Carrefour, se me ocurrió invitarla a Rosalba a tomar un café a la vuelta. Adentro hay un puestito donde venden un capuchino excelente.

—Está muy malo el camino, ¿falta mucho?

—No, ya llegamos, parquee por acá.

Nos bajamos del carro las tres casi al mismo tiempo. Se nos ensucian los zapatos. En la puerta de una casa de madera y techo de zinc, pintada de rosa y celeste, está sentada la abuela en una mecedora. No se pone de pie al vernos: se mece. La niña le habla y ella, con un gesto, la manda para adentro. Intentamos dialogar, explicarle algo, pero se resiste. Sigue meciéndose. Rosalba la saluda. Yo me mantengo unos pasos atrás. El ambiente está tenso, muy cargado. Indira mira a través de la ranura de las tablitas de la ventana. Veo sus ojos negros y el brillo de una de las bolitas de su pelo. Ya estamos de espaldas camino al carro y sentimos el ruido de la mecedora contra la pared: la doña se ha parado.

—¿Qué pasó con mi hija?

—Se la llevó la policía —contesto mientras me doy la vuelta. Creo que si hubiera estado frente a ella no habría podido respondido tan directamente.

—¿Por qué, si ella no hizo nada?

—Quizá para investigar

Entonces la señora se descompone, le cambia la mirada y sus ojos se inyectan de un odio milenario, de un cansancio antiguo, de ese que sienten los pobres y que no se quita con vacaciones, sino con otra vida. Su boca se llena de palabras y una ronda de lagartijas le circunda el rostro. Las colas le golpetean las orejas y se le ponen coloradas. Le sale fuego por la punta de los dedos que se mueven con las manos que gesticulan en el vacío en busca de algo donde apoyarse. Dice cosas, dice muchas cosas, entre ellas: "Gran poder de Dios", como invocando al creador, como intentando, a modo de pregunta retórica, encontrar algún tipo de justicia. Dice que lo único que le ha dado este mundo es penuria y desgracias; que la vida de su hija se desgració el día que ese ingeniero se emperró con ella; que hubiese preferido que un haitiano la preñara en Bávaro, en lugar de un hombre fino. Dice y dice, y sabemos que tiene razón. También dice que había más gente en la casa cuando le dispararon al ingeniero, y que su hijo no fue, que es un muchacho muy decente, sino pregúnteselo al cura que atiende la iglesita de acá, a dos cuadras. Termina con otro "Gran poder de Dios" y vuelve a desplomarse en la mecedora. No es una gata recién parida defendiendo a su cría, es una leona hambrienta, luego de haberse devorado al macho que le nació muerto.

Rosalba hace un ingenuo intento por decirle que debe ir a la policía; que debe contar lo que pasó, que se estarán haciendo investigaciones; que confíe en Dios; que su hija va a volver; que debe ocuparse de su nieta que acaba de tener una crisis. Y la respuesta es obvia: es la que ya sabemos.

—Señora, ellos son blancos y poderosos, yo soy negra y pobre: ¿quién me va a creer? Además, ¿cómo le voy a dar de comer a mi nieta, si los que traen el pan a esta casa están presos?

—¿A su hijo ya lo vinieron a buscar? —pregunto.

—Sí, hoy, como a las diez de la mañana.

Rosalba y yo nos miramos, Indira sale de la casa y la abuela nos invita a tomar un café. Sabe que nuestras miradas son flojas, tiernas. No entiende cómo llegamos hasta allí. No sabe nuestra relación con Abreu, pero sí sabe que no somos policías, que no somos de los poderosos-poderosos. En su cabeza se le dibuja algo así como esos gringos mormones o de las organizaciones no gubernamentales que andan por los campos enseñando a hervir el agua o a usar condón. Su sabiduría le aconseja tratarnos bien, ponerse de nuestro lado, para después lograr que nos pongamos del de ella. Doña Fela, que así se llama, entra a colar el café y le ordena a la niña que saque dos sillas. Nos sentamos en la galería y le comento a Rosalba que, si bien no era el capuchino del Carrefour, tenía su sabor. Traté de espiar a través de la puerta para ver si habían limpiado la sangre, si ya no había rastros del asesinato. Trataba de imaginarme la escena, oír el griterío, los disparos, la cara del hermano de Abreu golpeando contra el cemento del piso, el celular sonando, el tío de Indira corriendo. ¿Dónde habrían escondido el arma? La hora y media que transcurrió entre la llamada y la llegada de Abreu. Las mujeres mirando al muerto. Los vecinos averiguando. Mireya con la cabeza partida. Las moscas oliendo la sangre fresca. Las hormigas alteradas. Un batallón de insectos dispuestos a invadir. Los gusanos gestándose dentro del cadáver y los carroñeros revoloteando la casa para despedazar a los vivos.

—Aquí tienen, ya está.

—Gracias.

El sol de las dos de la tarde se esconde detrás de una nube y comienza a llover. Es un buen momento para despedirse, pero nos invitan a pasar. Yo me niego instintivamente, argumentando que es tarde, que debo llegar a mi casa, que mis niñas y que mi marido... Rosalba me sigue en las excusas y logramos irnos. Les dejo una tarjeta del Instituto con mi nombre.

—Esto es una vaina, ¿sabes, María Alejandra?

—Sí, aquí hay algo muy raro.

—Tengo demasiada hambre para pensar.

—Yo también. Entra al Carrefour, que ahí hay picapollo, pizza y sándwiches.

—Ese café me perforó el estómago.

—Y a mí la mirada de la niña me hizo una úlcera.

Comer nos aliviaría, nos llenaría el cuerpo y nos devolvería a la tierra. A una tierra seca y amarga, a una tierra de la que brotaban hijos descalzos, o con zapatos caros, pero cojos. Una tierra llena de túneles milimétricos, habitada por lombrices solitarias, una tierra madre que te aprisiona, que no te deja huir, que te roba toda ilusión de ser pez.

IV

Luego de un pedazo de pizza con refresco, nos adentramos en los pasillos poderosos del supermercado, cargados de alimentos y desodorantes. Miramos la ropa, comentamos sobre los precios, nos probamos zapatos horrendos y relajamos con pantis milimétricos. Necesitamos ahuyentar a la muerte, a la pobreza y a esa realidad paralela, esa realidad nada virtual, espantosamente concreta, palpable y sobre todo cargada de olores escatológicos e imágenes acaloradas teñidas de una mugre infecciosa. Hasta me animo a tirarle una pelota de basket a Rosalba y ella la ataja, me la devuelve. Jugamos, nos desviamos, y el pescado congelado me da pánico, me llena de una melancolía inconmensurable. Y compro, sin necesidad, dos libras de filete de merluza. Rosalba me mira y se decide por un aceite de soya en especial que viene acompañado de un pote de mayonesa. Pagamos y salimos en silencio por una enorme puerta hacia el sol de las tres y media de la tarde. De manera mecánica, las dos buscamos los lentes de sol en la cartera y nos los colocamos casi sincronizadas como dos personajes de serie televisiva en un primer plano. Dos mujeres cuarentonas en medio de un parqueo, con fundas en las manos, con el estómago revuelto y el alma hecha pedazos. A Rosalba se le nota que intenta poner distancia con el cuerpo. Yo cada vez me siento más cerca, más incluida en la vida de las dos mujeres, Mireya e Indira, y más prejuiciada contra los hombres: contra el muerto, contra Abreu y contra mi propio marido. Subimos al carro.

—Bueno, qué odisea.

—¿Y vamos a hacer algo?

—¿Cómo qué?

—Que sé yo, ayudar a la muchacha o intentar que saquen a la mujer de la cárcel.

—Y también buscarle un abogado al asesino.

—¿Tú crees que él fue?

—Quizá, ¿por qué no?

—No sé, todo es tan raro.

—María Alejandra, no comiences con tu manía de rebuscar las cosas, de ir más allá, de querer encontrar la verdad.

—¿Ves? Tú tampoco crees que esta sea la verdad.

—No, ¿y qué hace? ¿A quién carajo le interesa la verdad en este país?

—A mí.

—Mira, mejor no te metas.

—A veces a uno lo meten.

La conversación llega a su fin. Ninguna de las dos queremos llegar al pleito. Además, ¿para qué? Nos tenemos

34

cariño. Hace más de tres años que trabajamos juntas, y hasta tenemos una amistad que nos ha permitido compartir ciertos secretos. En lo personal, ella alivia mucho mi soledad de inmigrante y de esposa infeliz. Cuando doblamos por la Churchill y a la altura de la 27 de Febrero, suena mi celular. Lo atiendo: es mi niña mayor que no sabe cómo hacer la tarea de matemáticas. La tranquilizo y le explico que en diez minutos llego a la casa. Casi al mismo tiempo, suena el de Rosalba. Es su madre para recordarle que a las cinco tenían cita con el médico.

Me bajo del carro y, mientras camino hacia mi casa, la funda con el pescado chorrea. Las gotas salpican contra el piso y dejan minúsculas manchas en el borde de mi pantalón caqui. Me paro frente al portón. Se acerca el guachimán y abre. Atravieso el jardín y traspaso la puerta. Antes de poder dejar la cartera y la funda, tengo una niña de tres años queriendo subirse a mis brazos y a otra de ocho atacándome con su tarea inconclusa. Intento ser cariñosa y paciente. Morena me libera de la merluza y mientras cargo a una miro la consigna en la mascota de la otra. Aparece mi esposo desde un lejano pasillo y pienso, como toda mujer que piensa: "¿Por qué no le preguntó al padre cómo se hace la tarea? ¿Por qué tuvo que llamarme al celular? ¿Por qué tuvo que esperarme? ¿Por qué? ¿Por qué?" Nadie me responde, ni siquiera el discurso feminista resuena en el vacío de mi cerebro. Además, solamente admito este tipo de cuestionamientos como una suerte de ejercicio retórico y masoquista, y de ninguna manera lo hago con la intención real de encontrar respuestas para mis preguntas, y menos aun, solución.

—Hola, María, volviste —dice mi esposo.

—Sí.

No quiero darle explicaciones, ni detalles, ni permitir que, ni siquiera por un momento, se sienta con derecho a opinar y a desvalorizar la situación. Para mi sorpresa, se acerca hasta mí y me da un beso.

—Estoy contentísimo: acabo de cerrar un negocio con la cadena Occidental. Les voy a diseñar y fabricar sillas para veinte hoteles.

—Felicidades —digo.

—¿Qué te parece si salimos a cenar?

—Yo quiero el McDonald —dice la mayor y la secunda la pequeña.

—No, es una salida para adultos.

Las niñas no insisten, saben que su padre es categórico. Me molesto. No lo evidencio, pero, una voz desde adentro se ahoga antes de salir a la superficie y estallar con un "¿y por qué me invitaste delante de las nenas, imbécil?" Antes de llegar al fondo del mar, un pez azul la rescata y la coloca en el cofre del tesoro de un galeón hundido. Mi voz y mis deseos de hablar se encuentran con las brillantes monedas de oro, anillos de rubíes y collares de perlas que alguna vez adornaron los cuellos de princesas inglesas con escotes franceses. Morena me trae un vaso de agua y me ofrece mate. No acepto, mi estómago ulceroso no puede más. Ya al mes de trabajar conmigo sabía cebar mate y preparar mole. Sabía cuáles eran las copas de vino tinto y cuáles las de tequila. Sabía escapar de mi marido y sacar provecho de mi generosidad teñida de culpa comunista. Benigna, la otra doméstica, apenas sabe limpiar.

—Vamos a tu cuarto a ver esa tarea.

Bajo a la más pequeña y le pido que se quede un poco más jugando en el jardín. Le prometo hacerle una historia cuando termine con la hermana. Mi marido vuelve a internarse en el pasillo que lo lleva a nuestra habitación.

36

Voy al baño: no había podido orinar desde las once de la mañana. Practicamos las tablas de multiplicar en inglés y en español. Leo el cuento prometido. Juego a las visitas y tomo café en tazas plásticas. Doy permiso para salir a la acera a montar bicicleta y desde la ventana de la sala veo a mis hijas crecer, mientras gritan, corren y se enredan en diálogos fantásticos con sus vecinos. Soy feliz hasta que me resigno a compartir mi tiempo de descanso con un hombre al que ya no deseo. Me saco los zapatos, unas sandalias negras de taco bajo, y me acuesto. Dormito por espacio de una hora, mientras las voces dobladas de una película clase b se entremezclan con mis sueños de libertad y de huida. Corro por un bosque de pinos azules y mi cuerpo no pesa, se eleva y salto de copa en copa hasta que el teléfono me despierta. Atiende Luis Miguel, mi esposo.

—¿Quién era?

—El jefe de personal. Murió una empleada. Antes de llegar al Vesuvio tendremos que pasar por una funeraria en Cristo Rey.

—Me temo que serán dos los velorios...

—¿Qué?

—Sí, hoy mataron al hermano de Abreu.

—¿Quién es Abreu?

—El médico legista del Instituto.

—Me imagino que será en Blandino.

—Quizá.

V

Cuando estoy de pie frente a la puerta de la jeepeta, lista para subir, me ataca la tos, la misma de todas las noches. Una tos seca, insistente, una tos que me ahoga, que me hace sentir como un pez fuera del agua. La noche se me echa encima. Las estrellas se acercan. Las voces de mis hijas, desde un rincón de la casa, se alejan, se vuelven pequeñas, y el ladrido del perro invade el horizonte exagerando el desamparo. Tengo miedo de morir lejos de mi casa y de mi campo. Tengo miedo de asfixiarme entre la dulzura exagerada de los mangos maduros que se estrellan contra el césped. Un impasse me permite respirar y abro la puerta. Subo, mi marido ya la encendió. El aire acondicionado me golpea el pecho e instintivamente me lo cubro con las manos. Sigo tosiendo mientras tanteo en el fondo de mi cartera el celular y la billetera. Por suerte están allí.

—Es mejor ir así que en el carro. Quién sabe por dónde quede ese sitio.

No contesto. ¿Para qué? Es preferible llenarse los ojos con imágenes delirantes, con escenas de amor entre los brazos del primer novio, quien sin duda tiene como gran ventaja el no haberse ido nunca del pueblo. O, mejor aun, quedarse viuda y ganar las olimpíadas de natación. Cruzar por el mar Caribe hasta Yucatán y sentarse en la cima de la pirámide de Quetzacoatl a esperar el solsticio o bajarse en la próxima esquina y llegar en carro público y diluirse entre la clase obrera y morir a manos de un guardia celoso o, mejor aun, ser un buen hombre o un cura o un rabino o un tiburón hambriento de vegetales.

—¿Has visto a ese idiota que se me cruzó?

—Sí, ten cuidado, de la Ovando salen todas las voladoras para Villa Mella, Yamasá, La Victoria...

—Está bien, no hace falta que nombres todos los barrios de tus clientes.

—Simplemente te lo digo, pues esta gente...

—Sí, ya sé, bonita, ya sé, yo también los conozco.

—Dobla ahí, a la derecha.

Luis Miguel parquea. Entramos del brazo, yo con un pantalón negro y una blusa blanca, él con sus pantalones azules y una camisa blanca. Su cuerpo está tenso, quisiera irse, el olor a muerte y pobreza lo han puesto pálido, no está en su ambiente. Es obvio que no sabe que decir y que teme además que le pidan dinero. El jefe de personal se acerca y nos lleva donde la madre de la muchacha, que está acompañada por dos niñas pequeñas y un adolescente.

—Este es el dueño.

Mi esposo estira la mano y le da el pésame. Agradece cuando lo invitan a ver a la difunta, pero no va. Me separo de él y comienzo a conversar con la hermana. Gadé, así le decían, murió de no se sabe muy bien qué, de tuberculosis, de unas fiebres que le daban, de una anemia terrible. Aunque se estaba poniendo mejor, ella no estaba para morirse, la familia la llevó demasiado tarde al hospital del seguro, allí no pudieron hacer nada. Así es el destino. Dejó dos hijas y un niño al que criaba. A ese que está allí, el que más llora, un día se lo dejó un haitiano. Era un bebé y más nunca ha vuelto a buscarlo. Ni papeles tiene el pobre. La adoraba. Eloisa, así también le decían, mantenía a toda la familia. La madre hace años que está enferma, y vea a quien Dios llamó primero. "Leoncia del Rosario, ese era su verdadero nombre, así está en la cédula, se murió de pobre, de cansancio", me dijo el cura cuando me preguntó si mi esposo iba a dejar algo para el café y las galletitas. Abro mi cartera y saco mil pesos; sé que Luis Miguel tiene los bolsillos vacíos, solo tarjetas. "Entre los empleados siempre hay que andar sin cash". Ese es uno de los primeros mandamientos de su familia, la familia Quintana, una de las más poderosas de Mérida.

—Por fin salimos —me dice mientras se mete en la Máximo Gómez rumbo al mar.

El reloj de números verdes marca las nueve y brilla en la oscuridad de un espacio reducido y helado. Vuelvo a toser y me evita llorar por el dolor ajeno, no por la muerte, sino por la muerte minúscula, por la caja de pino y el cadáver consumido, por la desolación de las almas que de seguro llegan al cielo apretujadas en una guagua sin frenos.

Dentro de la funeraria Blandino se me para la tos, encuentro un equilibrio en las caras de algunos conocidos: Rosalba, Abreu, su mujer, su cuñada, Yocasta, hasta el coronel Asunción Silva me produce un alivio. Abreu se nos acerca y saluda primero a mi esposo.

—Terrible, ¿María Alejandra te habrá contado?

—Sí, cuanto lo siento —miente.

No había tenido tiempo ni ganas de explicarle; seguramente en un par de horas estaría frente a una exquisita copa de vino tinto pormenorizando el asesinato. La mujer y la madre están deshechas, demacradas, con cara de espanto y desasosiego. No sé si les han dicho la verdad, no sé tampoco cual es la verdad. Rosalba me comenta que el féretro está cerrado, ya que con tanto ajetreo había comenzado a descomponerse. Vamos al baño y dejo a mi esposo conversando con un ingeniero conocido. Allí nos miramos y comenzamos a reírnos de los nervios hasta que entra Yocasta con un vestido de jersey blanco demasiado pegado a las nalgas. Dice alguna cosa y vuelve a salir.

—Esta hoy consigue que Abreu se fije en ella y en tres meses se lo está tirando.

—¿Tú crees, Rosalba?

—Sí. La mujer acaba de salir preñada.

—Puede ser.

—Vamos para afuera.

A las diez y media ya estamos ordenando la entrada. Suena un bolero y Luis Miguel me besa la mano derecha. Mientras esperamos el postre, le doy mi opinión sobre el caso del hermano de Abreu. Los hechos fundamentales los relato con la pasta. El café viene con los detalles del negocio y el calendario de los viajes a Mérida, España, Miami y Brasil. Nosotras no estamos incluidas: el colegio, las reuniones, mi trabajo y las navidades en la Argentina, una promesa que le hicimos a mi madre. Él no podrá acompañarnos. Sin duda, esa fue la razón de la cena, anunciar su ausencia. A mí ya ni me importa, pero me duele por las niñas. Asiento con la mirada y me acaricia los brazos. Me ayuda a subir a la jeepeta y, antes de encender, me besa con una enorme ternura. No tengo tos. Me dejo amar y navego entre la frescura de las sábanas de algodón con puntillas. No hay insultos, no hay intenciones obscenas, solamente caricias y una erección suave que se apoya en mis muslos. Mi lengua busca la suya y, en una breve tregua, dos enemigos se dan placer hasta que el sol renueve sus fuerzas y la lucha continúe, y yo quiera ser pez y él pescador para atrapar, con las redes que se mueven en las profundidades, el corazón de la libertad. Nos dormimos abrazados y soñamos por separado. A la madrugada me despierta la tos y voy a la cocina a buscar agua. Me siento en la sala y escucho el silencio de las hormigas que planifican el próximo día de trabajo. Estoy triste por Mireya, por Indira, por la mujer de Abreu, por la viuda de su hermano, por Yocasta, por la joven muerta, por sus hijas, por Rosalba, por mí, por la colombiana, por Morena, por mis hijas, por todo ese cardumen de mujeres que nada en contra de la corriente de un río caudaloso, un río viejo y tenaz, un río turbio, un río que muere en el mar y resucita en la loma. Lloro. Por primera vez en muchos años, lloro y las lágrimas me humectan, me alivian la piel reseca, le dan brillo a mis escamas y ánimo a mi vida. Lloro y el olor de la chula linda me recuerda al de los jazmines en primavera, a los patios de Buenos Aires y a la energía de la justicia social que enarbolábamos en las manifestaciones estudiantiles. Lloro y la nostalgia corre el riesgo de convertirse en melancolía.

VI

El amanecer me sorprende en la sala. Estoy sudada y los cantos de los pájaros establecen el límite. Luego vienen las niñas con sus uniformes, sus peinados y las recomendaciones de mi parte para que no se olviden las tareas. Hasta la de tres tuvo que colorear un dibujo de la familia. Me siento francamente mal, no voy a poder ir al hospital. Le pido a Morena un té con miel y me quedo sola. Intento ir al baño y me asfixio, pierdo el equilibrio y caigo al suelo. Cuando me recupero estoy en la cama y escucho la voz de Luis Miguel en la puerta de entrada.

—¿Qué pasó?

—La encontré en el piso y con ayuda de Benigna la pusimos en su cama. Estaba blanquita.

—Prepárale un bulto que la llevo a la clínica. Seguro que la dejan interna.

—Hace días que tosía demasiado.

—Además, los nervios de ese trabajo, con todos los problemas de la gente.

—Ah, sí, la pobre vive lo ajeno como propio.

—Bueno, estate pronto.

Veo a Morena cruzar el marco de la puerta y detrás a mi marido con un rostro contrariado. No estaba asustado, sino molesto porque mi malestar lo incomodaba, lo quitaba de su rutina, de su trabajo, de su agenda de hipereficiencia.

—¿Cómo te sientes?

—No muy bien, creo que es un virus.

—Alístate, que vamos a la clínica. Ya ubiqué a Pena, nos va a estar esperando en la emergencia.

Intento levantarme, pero todo me da vueltas. Luis Miguel se da cuenta y tiene que ayudarme. Cuando Morena sale de la habitación, busca entre mis ropas un vestido y un brasier. Me los da con cierto asco, como quien coge prendas de extraterrestres infectados. La situación lo fuerza a la amabilidad. Prácticamente me viste.

Nos vamos en el carro y tardamos media hora en atravesar veinte cuadras, los tapones a las diez de la mañana son una maraña impenetrable. Percibo que trata de guardar la compostura mientras el ahogo me nubla la vista. En la Lincoln doblamos y parquea el carro casi en la puerta. Pena está esperándonos e inmediatamente me ponen oxígeno. Me alivia y me marea aun más.

Luis Miguel y nuestro médico familiar dialogan:

—¿Cuánto hace que está así?

—Hace un par de noches que tosía

—Pero, está demasiado mal.

—¿Qué sugieres? —ya preocupado.

—Tengo que pedir análisis.

—Ayer pasó por una experiencia un poco inusual.

—¿Las niñas?

—No, ese trabajo en el Instituto de Violencia.

—Me imagino. El trabajo social es una vaina...

—No, no fue eso. Cuando se mejore ella, te hará el cuento. Ella me lo contó pero no me acuerdo bien.

Me toman una radiografía, me sacan sangre, me ponen un suero con medicinas que me aceleran el corazón. Luego me trasladan a una habitación insípida de paredes verde claro con cuadros de paisajes y cielos paradisíacos. El aire acondicionado está demasiado frío. Pido una manta y me duermo. Puedo respirar mejor. Sueño con mi padre enfermo y hablamos sobre la revolución y su decisión de no adherirse a la lucha armada. Caminamos por su finca en otoño y se va montado en un caballo blanco a rescatar a los niños mapuches de la helada negra. Despierto y la cara de la enfermera se me acerca. De sus manos salen jeringas, termómetros y un aparato de tomar la presión.

—¿Qué me va a inyectar?

—No, se asuste, se lo coloco en el suero.

—Pero, ¿qué es, qué medicamento?

—Ventolín.

—¿Tengo asma? Nunca sufrí de eso.

—El doctor ya le va a explicar.

—¿Ya se siente mejor?

—Más o menos, por lo menos puedo respirar, pero el corazón se me sale del pecho.

—Esto otro es para tranquilizarla, para que pueda dormir.

—¿Valium o lexotán?

—Algo de eso.

A medida que me entra por la sangre, los párpados se me cierran y bloqueo toda sensación. Desaparezco por unas cuantas horas. Despierto a las tres de la tarde, preocupada por mis hijas y me estiro para alcanzar el teléfono que está en la mesita de noche. Marco primero el nueve y luego mi casa. Me atiende Lucía, la mayor, y me dice que más tarde van a venir a visitarme, que Ana está durmiendo la siesta, que la tarea la hizo con Morena y que el padre la reprendió porque la vio hablando con el guachi. Cuelgo y llamo a la enfermera, siento sed. A los diez minutos me traen un té con un jugo y una gelatina de fresa. La detesto. Tomo el vaso con la mano izquierda, la derecha está canalizada. La sed se aplaca y me levanto para ir al baño, arrastro el suero y me bajo los panties con dificultad. En algún momento alguien me sacó el vestido y me puso la bata que traje de casa. Al regresar, recojo el control remoto de la televisión que está sobre un sillón. Me acuesto y busco el canal de las series para idiotizarme un poco, para que la carita de Indira o la de la difunta de la noche anterior no se atraviesen en mi espacio virtual de ensoñación.

Llegan las niñas con Morena y el padre. Él se retira de una vez y pasa a buscarlas una hora más tarde. Se van y me quedo sola con las palabras de Luis Miguel rebotando en mi caja craneana: "A ver si te recuperas pronto, que ellas te necesitan". Es cierto, ellas me necesitan, pero también me necesitan mis pacientes, mi madre, mis amigos, mis proyectos, hasta él mismo, aunque sea para llevarme a sus cócteles de empresario, aunque sea para tener una esposa blanca de pelo bueno e inteligente, además. ¡Coño!

48

¿Con quién carajo me había casado? Vuelvo a procurar el teléfono y llamo a Rosalba, no está, le dejo un mensaje. Justo cuando cuelgo entra Pena con otro médico.

—Te veo mejor, María Alejandra. Este es el Dr. Maromo, un excelente neumólogo.

Estiro la mano, le sonrío y le pregunto por mi diagnóstico.

—Mire, doñita, tiene una pulmonía que le ha producido este estado asmático.

—Pero ¿de dónde la cogí?

—Pudo haber sido una gripe mal curada, una alergia, un estado de debilidad...

—¿Tengo para mucho?

—Un par de días, hasta que los antibióticos comiencen a hacer efecto y los broncodilatadores le ayuden a respirar.

—Ahorita me dieron algún psicofármaco para dormir.

—Sí, ayuda a contrarrestar el efecto del ventolín y a relajarla.

—La verdad, hacía varios días que no podía dormir bien.

—¿Argentina, verdad?

—Sí, pero tengo casi cinco años en el país.

—Yo hice la especialidad en México, pero tengo un colega que estuvo en el Hospital de Clínicas.

—Mire qué bien, mi marido es mexicano.

Así transcurre una conversación intrascendente a la que se suma Pena con sus anécdotas en Madrid, durante su residencia. Me recuerdan a mi padre, que también fue médico, aunque rural y comunista. Papá adoraba pescar a la orilla de lago Nahuel Huapí. Prefería las madrugadas frías de primavera para atrapar las truchas resbaladizas.

No importaba cuántas pescaba, solo conservaba la que comeríamos. Mamá la limpiaba y la preparaba al horno con papas y batatas. Ellos se adoraban. Él deliraba con la revolución y ella le acariciaba los rizos de la cabeza. Siempre quise un matrimonio así, tan tierno, tan idealista. Incluso, luego del suicidio del viejo, mami lo justificó. Mi hermana y yo tardamos años en perdonarlo. Siempre estuve convencida de que debía casarme, de que no existía otra vida posible. Durante mi estadía en Nueva York, llegué a pensar que quizás no quería tener hijos. Luis Miguel me perforó con la mirada roja de una marihuana que vendían en el Village el día que se lo dije y se me abalanzó. Yo me reía, me dejaba acariciar y sentía que todo era posible, hasta ser un pez.

VII

Maromo y Pena se van, Luis Miguel recoge a Morena y las niñas. Todos dejan tras de sí un silencio insoportable. Prendo la televisión y miro tres series seguidas. Cambio a las noticias y suena el teléfono. Es Rosalba. Hablamos como diez minutos del Instituto, de Abreu, del entierro, de la colombiana y su amante, de su novio cinco años menor y de mi salud. Me alienta con frases comunes, pero plagadas de intención y cariño. Que ya te vas a poner bien, que debes hacerte menos malasangre, que tu matrimonio no es tan malo, te lo digo yo que pasé por un divorcio. Cierro, miro el techo, voy al baño, entra la enfermera del turno de la noche: temperatura, presión y medicinas. Traen la cena, apenas la pruebo. Vuelve a sonar el teléfono: mis hijas me extrañan. Luis Miguel, también me llama, desde el celular, y le pido que duerma a las niñas con un cuento, que están angustiadas. De forma muy cariñosa, me tranquiliza y promete incluso llevarles unos chocolates para la merienda del colegio. A eso de las diez, me duermo.

El cuerpo me arde y siento un frío insoportable. Me doy cuenta de que tengo una fiebre muy alta. Grito, estoy aterrada y me cuesta respirar. Se prende la luz y aparece el médico de guardia.

—¿Qué le pasa?

—Tengo el cuerpo destrozado —explico jadeante.

—Está bien, no hable, no hable.

Me traen una máscara de oxígeno y me inyectan. Al cabo de un rato pasan los temblores y vuelvo a respirar. Me duermo con la imagen de Mireya, Doña Fela e Indira clavada en el medio de la frente. Sé que me buscan, que quieren decirme algo y tarde o temprano me van a encontrar.

El día comienza a las seis de la mañana con un té de jengibre. No lo tomo: me resulta picante. Pido un café descafeinado: no tienen. No intento averiguar si hay mate. Dormito un poco más y visualizo a mis hijas preparándose para la escuela. Me da gusto. Entra la enfermera para perpetrar su rito; presión y temperatura. Me quita la máscara, y respiro mejor. Mi cuerpo percibe que va a volver la fiebre. Se lo digo y me responde que lo sabe, que ya estoy en treinta y nueve. Me vuelven a inyectar, y además me hacen tomar unos antibióticos junto con un desayuno de yuca hervida y caldo. Me duele el estómago, tengo úlcera desde hace cinco años. Me voy por los senderos de la nostalgia y nado por mi memoria. Desembarco en Pantoja, en esa casa, en la escena del crimen. Repaso, paso a paso, los acontecimientos y hay algo que no me cierra, que me resulta muy extraño. La niña en shock, la mujer presa, la vieja que insiste en la inocencia del hijo, Abreu que justo llama por el celular y tira el cuerpo muerto del hermano en el baúl del carro. Hago deducciones, saco cálculos. Me inclino por un problema entre Abreu y su hermano o por la versión oficial. Las tres mujeres se me parecen a las hermanas de la difunta de la noche anterior: el dolor y la dureza, la cruz y la borra del café, el orgullo y la ignorancia, el desenfreno corporal y el sometimiento intelectual. Paso por mi conciencia y trato de encontrar una clave para mi conducta, para mis contradicciones de pequeñoburguesa de familia argentina y de izquierdas, en esta media isla, en esta globalización neoliberal sin atenuantes. No encuentro respuestas. Sudo la fiebre y entra mi esposo con un ramo de rosas. Parece que aplazó sus reuniones. Me dedica dos horas, durante las cuales lloro en sus brazos. Me acaricia el pelo e intenta decirme que viva mi vida, que la disfrute, que no era responsable de los desastres de la humanidad, que él y las nenas me necesitaban, que nosotros teníamos nuestras diferencias pero que me amaba con locura, que dejara la hipersensibilidad feminista, que todo iba a ir bien. Le explico que no puedo ponerme anteojeras como los caballos, que me siento encerrada, en un laberinto de arena y no logro vislumbrar la salida. Me besa la frente y se va, deja las flores a los pies de la cama.

Una parte de mi ser sabe que él es un salvador, que, si yo quisiera, con solo decidirlo, borraría mis contradicciones de un plumazo con solo aceptarme como su esposa. Otra parte sabe que no puedo someterme, que la sensibilidad social y mi sentido de justicia no se pueden apagar, y lo que es peor: que nunca renunciaré a desear ser un pez. A desear surcar los mares libremente y a sumarme a un grupo de sardinas que huyen de las redes de los pescadores que las enlatan a bordo. Mi naturaleza acuática es más fuerte que mi voluntad social. Lloro y entra Rosalba con Yocasta.

—Adelante, siéntense.

—Licenciada, se nos puso malita.

—Hace días que no respiraba bien por las noches.

Rosalba agrega:

—Con lo de Abreu, su hermano, las mujeres y la montadera terminó de caer.

Yocasta afirma y me da consejos, me recomienda diferentes remedios caseros con miel, hueso de zapote y café amargo con mantequilla.

—¿Lo vieron a Abreu?

—Ayer no vino —contesta Yocasta— pero hoy a primera hora estaba revisando a una mujer paciente de la Licenciada Hernández.

—Yo no me lo crucé, pues estuve en el juzgado con unas jóvenes de Manoguayabo y de una vez vinimos para acá.

—Saben que no he podido dejar de pensar en todo este lío.

—¿Quién puede?

—Parece que la policía sí, pues dieron por cerrado el caso y van a juzgar al hermano de Mireya.

—O sea que la versión de Abreu es la que va.

—Así parece.

—Rosalba, ¿a ti te llamaron para que declararas?

—No.

—Es alarmante como se hacen las cosas.

—Mira, prefiero preocuparme por que nuestras pacientes no sean los próximos cadáveres y no darle más mente a eso.

—Eso sí es verdad —insiste Yocasta.

—También es verdad que hay una mujer presa, una niña huérfana y una vieja sin empleo. Eso también es violencia.

—Bueno, María Alejandra, no te agites que aun estás delicada.

—Sí, Licenciada, piense en otra cosa.

—¿Cómo anda la colombiana con su amante?

—Parece que de lo más bien, él la lleva y la trae.

—Bueno, que aproveche, que como en tres semanas se vuelve a Bogotá.

—Pobre del marido —acota Yocasta.

—De pobre, nada —interviene Rosalba—: hace miles de siglos que los hombres hacen lo mismo.

No opino. ¿Para qué? Es igual. Seguimos la conversación en un tono trivial. Cuando Yocasta se va nos quedamos solas y Rosalba me cuenta con detalles su primer encuentro con el joven amante. Nada mal. Ella insiste en que, si me hubiese buscado uno, ahora no estaría enferma. Me sonrío. Viene Pena y le cuento el incidente de Abreu, no dice nada. Se va y, una semana después, abandono la clínica en la jeepeta de mi esposo. Estoy mucho más delgada. En casa me esperan las niñas y mi madre que viajó desde la Patagonia a pedido de mi hermana, pues luego de hablar conmigo, mientras estaba interna, se alarmó. Le dije muchas cosas, le conté mis preocupaciones, la crisis de mi matrimonio, mi dolor insoportable por el fracaso de las utopías. Lloré por que necesitaba al papi, pero nunca le mencioné que quería ser un pez. Eso no lo sabía nadie, excepto una bachata refinada que sonaba con frecuencia en los ochenta.

VIII

Vuelvo al Instituto como a los veinte días. Me recupero con las sopas de mi madre y la lejanía de mi esposo. La casa es una maravilla: libertad total para entrar, salir, comer en la cocina con Morena, reírse fuerte, escuchar los cuentos de las niñas. Luis Miguel se fue a España, muy a pesar de él. Nos dejó un chofer, así que vamos a la playa, a la montaña, de compras, tomamos café en la Zona Colonial con mi madre y Rosalba cuantas veces queremos. Él llama cada tres días, les cuenta a las niñas los regalos que les compra en cada ciudad y a mí me investiga hasta el menú. Yo, por mi parte, converso lo imprescindible, lo mínimo que se espera de un matrimonio. No siento celos, ni deseos de estar con un hombre. Mi madre se va a los quince días de haber llegado y, entre las lágrimas de la despedida, florecen las esperanzas de vernos para fin de año. No falta tanto, diciembre siempre termina llegando. Cuando regresamos del aeropuerto miro el mar desde la velocidad de la jeepeta. Lo admiro y me siento atrapada por la profundidad oceánica que rodea a la isla y sé que estoy atrapada, que caí en las redes, que solo me redimiré con la paciencia y el tiempo, no con la verdad. En sí, la verdad es un detalle sin importancia, un estorbo para el bien y el mal, una construcción teórica que angustia pero no soluciona. La verdad no me libera, no me cubre el cuerpo de escamas, ni me resuelve el dilema central de mi existencia: ser un pez.

El día de mi reincorporación, Yocasta se levanta, sale de atrás del escritorio y me da un abrazo. Rosalba está atendiendo y Abreu se sirve un café, lo veo desde la puerta del consultorio. La colombiana está a punto de irse y en dos semanas se le hace la despedida en casa de su tutora de tesis, una socióloga del Intec. Un hombre me espera con una niña de doce años. Yocasta me pasa el expediente, fueron referidos por un agente policial que les tomó la denuncia por perversión de menores en el destacamento de Boca Chica. Es extraño, no sé cómo comenzar. Mi cuerpo está en el aire, vacío. Las piernas me duelen, la ropa me queda grande y no me molesta el calor, aunque en noviembre comienza a refrescar. Los invito a pasar, se sientan, me siento. Pregunto, responden. Al mismo tiempo, leo el informe y me dan escalofríos. La tía, la hermana de la madre quien lleva tres años de desaparecida, se la llevó para que la ayude con un bebé. El padre, cristiano y agobiado, acepta, ya que tiene tres más que cuidar. Un domingo va de visita y percibe algo extraño. Vuelve un miércoles por la noche sin avisar y se encuentra con el horror. Los detalles: Ruth Del Rosario González, doce años, domiciliada en San Luis, carretera San Isidro. Se presenta con su padre, Jesús Del Rosario Sánchez y declara lo siguiente: que fue violada por el ano con elementos cilíndricos, obligada a sostener relaciones forzadas con mujeres, entre las que se incluyen la propia tía para divertimento de grupos de hombres, y que sufrió golpes y privación de la comida, y etc., etc., etc. Tuvieron la delicadeza de dejarle intacto el himen. La niña no miente, el padre llora y culpa al demonio. Mi primer intento es aliviarlo y felicitarlo por haber seguido sus instintos y haber rescatado a su hija. Luego le explico que hay soluciones, que con ayuda todo se puede superar y, si tiene fe en Dios, le será más fácil. Recurro al libro de Job y logro aplacarlo, ya me cree. Ruth no habla, dejó sus últimas palabras en la confesión. Les sugiero ir a ver al doctor para detectar algún problema físico. El padre acepta.

Le explico el caso a Abreu y se excusa por no haberme ido a ver durante mi convalecencia. Sé que se siente un poco responsable. Yocasta me lo comentó, sin embargo lo alivio cambiándole de tema. Comentamos sobre el tercer mes de embarazo y los vómitos matutinos de su mujer. Lee el informe, me pide opinión y le explico que si el padre logra no sentirse culpable vamos a poder hacer algo por la niña, quien, de seguro, si evita la depresión, es poco probable que alguna vez se case o logre una vida sexual plena. Ambos suspiramos. Mientras revisa a Ruth, me quedo. El padre permanece afuera.

—Entonces, ¿qué encontraste?

—Lesiones anales, inflamación y signos de desnutrición.

—¿Tratamiento?

—Vitaminas, una crema, comer, dormir y olvidarse de que son pobres.

Me llama la atención la última parte de la respuesta de Abreu, nunca lo había notado tan sensible. Es más, en el informe que redactamos juntos al fiscal, sugerimos la encarcelación de la tía y las investigaciones en el área para evitar casos parecidos. Semanas más tarde, nos enteramos de que el chulo le pagó la fianza y se largaron para Puerto Plata. Al pobre señor Del Rosario no le interesa ni la justicia, ni la venganza. Solo ansía que Dios lo perdone y que su hija vuelva, por lo menos, a hablar. Todo se sana, hasta el alma y, con los años Ruth, se iría de misionera a Panamá donde terminaría la última parte del tratamiento: olvidar. Nunca perdí el contacto con ella.

Llegan las doce y me voy. El chofer me está esperando, le damos una bola a Rosalba, su hijo menor se llevó el carro.

—¿Sabes que me confundí?

—Abreu se está portando como un santo.

—¿De qué hablas?

—En Blandino te dije que terminaría acostándose con Yocasta.

—No jodas. Ni me acuerdo.

—Sí, te lo dije, pero tú ya estabas al borde del colapso.

—Qué bueno que te equivocaste.

—Sí, me alegro.

—Está como más sensible, más cerca de la gente. Hoy, por ejemplo, con el caso Del Rosario, puso términos en el informe que antes no habría puesto.

—El otro día vino Indira a buscarlo y duraron dos horas hablando en el consultorio.

—¡Qué extraño!

—Sí, mucho.

—¿Y no ha vuelto a tocar el tema?

—Yo no he querido preguntarle nada.

Dejamos a Rosalba. Me quedo en casa. Como y duermo. Las niñas juegan y, al atardecer, hacemos la tarea. Ellas extrañan a su padre, yo a mi madre. La noche se puebla de cuentos infantiles y, por primera vez en casi un mes, la cama me resulta grande. Leo hasta la madrugada una novela de Saramago y me duermo cuando la termino. A la seis de la mañana suena el teléfono. Me despierto. Atiendo: es mi suegra.

—¿Qué pasa?

—¿Dónde está Luis Miguel?

—En Madrid.

—¿Tienes como ubicarlo?

—Sí.

—Pues llámalo: a Pedro le ha dado un infarto, se está muriendo.

Las seis horas de diferencia son de mucha ayuda. Encuentro a mi marido almorzando en el hotel y le explico que su padre está mal. No se inmuta, pero sé que sufre. A los tres días me llama de Mérida con la voz apagada: "Vente, el viejo se fue". Dejo a mis hijas con la niñera, el guachimán, el chofer y Rosalba. Les explico que el abuelito mexicano ha muerto y Lucía llora. Ana concluye que ya solo tiene dos abuelas. Me subo al avión: no puedo ir nadando por las cálidas aguas del Mar Caribe. Aun no soy un pez.

IX

Estoy apenada, la muerte siempre golpea y últimamente rondaba demasiado. Además cada uno que se muere te recuerda a los otros: en mi caso, me recuerda a mi papá. Durante las dos horas de vuelo leo otra novela y, ni bien aterrizo en Cancún, soy invadida por la atmósfera picante de México: todo me huele a cebolla, tomate, cilantro, aguacate y tortillas. Mi primer viaje fue desde Nueva York: llevaba un año y medio comiendo a lo gringo y metiéndome en la boca un trozo de vegetal con gusto a vegetal y no a nada, fue casi un orgasmo. Sin embargo, hoy todo se ve descolorido. Entre Cancún y Mérida, me quedo dormida. Conduce un chofer. Me bajo directamente en el cementerio donde un cura dice su oración. Luis Miguel está triste y me abraza con necesidad, su cuerpo me procura. Mi suegra y mi cuñado me buscan con la mirada, les respondo con cariño y resignación. Dejan el féretro en el panteón familiar y se cierra una pesada puerta de hierro. Sobre el dintel se lee: "Familia Quintana". A las cuatro de la tarde nos subimos a los carros negros y recorremos la distancia inconmensurable que separa a los vivos de los muertos. Nadie habla.

Ellos con su dolor elegante y adecuado. Yo con mi melancolía asfixiante. Ellos con sus misas devotas. Mi marido y yo con un ateísmo moderado. El suyo es producto de un positivismo neocolonial. El mío, por resabios izquierdistas. En casa de mis suegros conversamos en la sala, cada cual en una mecedora. El tema obligado eran los detalles de la agonía de don Quintana: que le dio un ataque súbito en la fábrica; que llamaron al médico; que el hijo mayor buscó a la madre; que prometieron una operación para colocar un marcapasos; que ubicaron a Luis Miguel; que murió de un segundo ataque en la madrugada, en la sala de cuidados intensivos; que tenía setenta y cinco; que en Mérida todo el mundo lo quería; que los empleados hicieron una colecta para comprarle flores; que hasta la muchacha del servicio (treinta años con nosotros) lo lloró como su padre.

Se dicen tantas cosas que terminan por dormir a mi suegra. La pobre cae del impacto. El cuerpo se le desconecta de cuarenta años de matrimonio con un hombre quince años mayor que ella. Sus músculos se relajan, la piel se le suaviza, la casa se agranda, el corazón se encoge, el dolor se atenúa, el rencor acecha y el sometimiento se acaba. A los veinte minutos, se despierta sobresaltada y le ofrezco acompañarla hasta su habitación. Acepta. Subimos a la segunda planta y abro la puerta de madera oscura. Se acuesta en la cama y le quito los zapatos. Mientras cierro las cortinas, escucho que sale de su boca una voz firme, sin sollozos: "Se acabó". Me doy vuelta y la miro. Se incorpora, acomoda las almohadas y sigue hablando:

—No te voy a negar que lo adoraba cuando me casé: a los veinte años se adora a cualquier hombre bien vestido. Sin embargo, mis mejores años los hizo imposibles.

64

—Si prefiere, hablamos más tarde, es mejor que descanse.

—No, esto te lo digo a ti porque eres extranjera y tienes otra mentalidad. Estudiaste psicología y sé que puedes comprender.

—Como quiera, doña Digna...

—¿Te das cuenta de que en otros países una mujer de sesenta aun no es vieja? Hasta tu propia madre, viuda y todo, se ve más joven que yo.

—Bueno, es cuestión de estilos, formas de vestir...

—No, muchacha. Aquí en Yucatán, ser rica es un peso tremendo.

Estoy a punto de contestar con alguna ironía, pero no me atrevo, así que mi suegra aprovecha el silencio para despacharse con su historia, para desahogarse sin dejar dudas de la paz que le produce la muerte del esposo. Entre otras cosas, llegó a pegarle, a engañarla, a tener hijos por la calle, a celarla y a usar su herencia familiar en negocios en los que no le permitió opinar. Un verdadero horror, un caso para una tesis sobre discriminación, género y familias tradicionales en América Latina. Finalmente termina, me pide un trago. Bajo a la cocina por la escalera de servicio, no quiere que los hijos sepan que está bebiendo tequila con sal a las pocas horas de sepultar al padre. Por su parte, ellos beben whisky importado en el patio. Subo la botella y dos vasos. Antes de tomar, brindamos por la paciencia de las mujeres y, mirándome a los ojos, me dice que me cuide de su hijo. No le digo que hace rato que vengo evadiendo sus redes de pescador. No hace falta: en sus manos vi las alas de una serpiente emplumada que finalmente comienza a volar y que ya no necesita usar su veneno para protegerse de los conquistadores. Digna se duerme profundamente y ocupa toda la cama. Recién ahora su vida es suya.

Luis Miguel está solo sentado en un sillón de mimbre. Su hermano, José Antonio, se ha ido. Me acerco y el aroma de las rosas me excita. Quiero acostarme con él, en esa casa llena de cerraduras y tabúes, en esa tarde de cementerios y rezos, en ese instante de abismos insalvables. Las melodías de Agustín Lara me empujan. Lo miro de frente: está llorando, tiene la corbata floja y el cabello despeinado. Le tomo las manos y se las beso. Se para, me abraza, su torso se aprieta contra mis senos, nos distanciamos, mi mano derecha desabotona mi blusa negra, le ofrezco mis senos y los acepta. Mi otra mano va directa a su sexo que ya está erecto con la fuerza de la ternura, con el impulso trasgresor de estar vivos, con la libertad de no tener padre, con los recuerdos de las primeras novias en ese mismo patio, con el contacto de las nalgas de las sirvientas, con mi imagen en aquel bar de Buenos Aires, un viernes por la noche, a dos esquinas de la universidad, y con el permiso de Dios. Nos escondemos en la cocina y abro mis piernas sobre la mesa, el resto son gemidos ahogados por las aguas de una pecera de cristal. Somos peces y, desde afuera, todas nuestras circunstancias nos observan. Sabemos que esa pasión fue un regalo de los aires frescos del atardecer, antes de que el escribano sentencie a Luis Miguel con su herencia. El orgasmo tiene sabor a guacamole. Subimos a la habitación y nos dormimos pensando en Ana y Lucía.

X

—¿Cómo durmieron?

—Bien. ¿Y usted, doña Digna?

—Bien, también.

—¿Quiere ir a misa, mamá?

—Luis Miguel, no te preocupes por mí. Yo resuelvo mis asuntos. Acá tengo chofer y todo lo necesario.

—Está bien, como usted quiera.

—Tú mejor ocúpate de tu mujer, que la has hecho venir de tan lejos y dejar a las niñas.

Seguimos desayunando mientras les cuento las últimas novedades de la casa y las ocurrencias de Ana. Mi suegra adopta una postura de firmeza. Luis Miguel se siente claramente turbado y, en menos de un día, ya nadie extraña al muerto. La atmósfera es de tormenta: pronto se pelearan por las acciones, las propiedades y el destino de la madre que, sin duda, no va a permitir que nadie le diga qué debe hacer.

—¿Qué te parece, María Alejandra, si me paso unos meses con ustedes en Santo Domingo?

—Por mí no hay problema. Pero recuerde que en diciembre nos vamos para Argentina, ya se lo prometimos a mi madre.

—En enero me tienen ahí.

—Yo termino mis viajes en marzo.

—Mejor, hijo, así acompaño a tus mujeres.

—También, si se anima, nos acompaña a Buenos Aires.

—Es un viaje muy agotador, ¿no cree, mamá?

Doña Digna no contesta, se da cuenta de que su hijo la ha sepultado junto con su padre. Le ha sepultado el deseo y la voluntad. Luis Miguel se levanta de la mesa y, sorpresivamente, llama a casa para saber de las niñas. Habla con Morena y le dice que en tres días estaremos de regreso.

—¿Vienes conmigo?

—Sí. Tengo ganas de ver a mis hijas.

—Reserva hoy mismo el pasaje. Salgo de Cancún a las siete de la tarde.

—Llama a la secretaria de tu padre y haz que se ocupe ella de eso.

—Buena idea.

Luis Miguel sale al patio y doña Digna me invita a ir de compras. Quiere mandarles juguetes a sus nietas. Le digo que no hace falta, que ellas entenderán que el abuelo se murió, y que su abuela está triste y cansada. Dice que no, que nada de eso, que sus pobres nietas no tienen por qué quedarse sin un presente por culpa de un abuelo al que casi no han visto en su vida. Tiene razón, el viejo Quintana nunca fue a Santo Domingo, ni a vernos a Nueva York, ni a visitar a su hijo a Buenos Aires. Creo que no podría haberme reconocido por la calle: apenas sabía mi nombre, y ni hablar de mi profesión.

—Está bien, vamos.

—Déjame ir por mi cartera.

Ella sube por la escalera principal, mientras la doméstica retira los restos de un desayuno desarticulado, extraño. Un desayuno sin la fuerza rectora del padre. Un desayuno barroco, elíptico con varios centros confundidos: un hijo respetuoso, una madre liberada y una nuera excitada por la distancia, por un recuerdo, por la necesidad física de un esposo ubicado entre el cambio tolerante y la asunción del mando con toda la severidad de la reiteración histórica y neurótica.

—Luis Miguel, voy con tu esposa al centro comercial.

Nos despedimos y el carro recorre el esplendor de Mérida. Un esplendor de principios de siglo veinte, cuando el henequén daba de comer a las burguesías con los dólares del imperio. Más allá la zona antigua, con su plaza, sus iglesias y los tríos de boleristas apapachando a los turistas enamorados. Nos estacionamos y el calor de una mañana de finales de octubre nos hace sudar por unos instantes, hasta que el aire acondicionado nos congela cualquier desborde endocrino del cuerpo. Primero somos moderadas con los juguetes, luego miramos ropa y me compro un vestido blanco con bordados a mano. Al final terminamos en una casa de lencería comprando desde batas de dormir hasta brasieres de encaje. Doña Digna se desata y me confiesa que pronto se buscará un amante. Es más, hay un señor de su edad que lleva años queriendo acostarse con ella. Va a aceptar. Mi sentido común me dice que no debo opinar, pero mi corazón de pez me obliga a darle coraje. Concluyo por pedirle que use condón, ya que una señora de su edad y su posición no puede morirse de sida. Nos reímos, al mismo tiempo que comemos quesadilla en un restaurante a la orilla del mar en Villa Progreso. Con el ceviche tomamos vino blanco. Me mareo y tarareo boleros.

—¿Tendrá amor la eternidad, doña Digna?

—¿A quién carajo le importa, mi hija?

Regresamos por un camino de tierra y lleno de baches hacia la casa de dos plantas y dos escaleras. A la casa con patio y servicio permanente. A la casa del olor a rosas y piano en la sala. A la casa sin jefe. Entramos con cuidado, le damos los paquetes al chofer para que los entre por la puerta de servicio. La tarde está cayendo y nadie ha prendido las luces. Cada una se va a su habitación: Doña Digna a ocupar toda la cama, yo a la de huéspedes. Me ducho, me pongo la lencería negra y me acuesto a leer. A las dos horas, Luis Miguel llega algo bebido y no pregunta absolutamente nada. Me besa, me besa, y sé definitivamente que la eternidad no tiene amor, ni sexo, ni alegría, ni peces.

—¿Llegaste?

—Sí

Sale de entre mis piernas y me pone su pene en la boca, tiene gusto a otra, pero no me importa. Después de tragar su semen le digo que quiero ir a Chichen Itza antes de volver a casa. Vuelve el deseo y me penetra, no le veo la cara, está detrás. Tengo dos orgasmos y el se desarma entre lágrimas. Sin duda hay algo que lo conmueve.

—Está bien, salimos más temprano y antes de tomar el avión recorremos las ruinas.

—No, quiero pasar una noche en Piste.

70

—Como digas.

Bajamos a cenar. Mi suegra no nos acompaña: se había ido a misa. Me duermo en el sillón de la sala y me despierta mi cuñado preguntando por su madre y Luis Miguel. Respondo que no sé dónde están, que me voy arriba. No quiero que nadie alborote las aguas, pues, por ese día, por ese único día, todos nadábamos desnudos en un estanque tan grande como el mundo, un estanque sin bordes. Mi cuñado se va y yo sé que mi suegra está con el señor del que me habló y Luis Miguel en la peor pulquería, perdiendo el sentido para poder pagarle a cualquier indiecita chaparra por un servicio de sexo oral. Yo, en cambio, soy sapo de otro poso, y me dispongo a ver televisión, mientras escucho a los peces de los zenotes devorarse el alma de las jóvenes sacrificadas.

XI

La mañana está gris y metemos dos maletas en el baúl
de una de las cuatro por cuatro de mi cuñado. Luis Miguel conduce. Yo voy a su lado y me suegra se pierde en
el horizonte moviendo su mano. Nos besamos, nos pro-
metemos y, entre madre e hijo, ya existe una distancia
imposible de remediar. Doña Digna ya inició los trámites
sucesorios; quiere vender, partir y dedicarse a recuperar
el tiempo perdido. Los muchachos Quintana esperaban
otra cosa. Esperaban ocupar el lugar del difunto y gober-
nar a la madre. Sin embargo, mi marido será el heredero
del veneno, de la esencia misma de la intolerancia. En estos momentos se debate entre ser su sueño o sucumbir al
destino. Es por eso que me ama, que me obedece y vamos
camino a Chichen Itza, en pleno duelo.

—Estoy un poco mareada.

—Si quieres bajo la velocidad.

—Bueno, o tal vez sea la comida de anoche.

—Te sientes descompuesta.

—¡Ah! Sí, para, quiero vomitar.

Me desmonto y hago arcadas, tengo una enorme náusea y no es existencial. Temo estar embarazada. No, no es posible sería muy reciente... No voy a decir una palabra sobre este terrible presentimiento. Subo y me acaricia la cabeza.

—¿Seguimos?

—Sí.

Durante el camino, rememoramos desde nuestro primer encuentro hasta el viaje por todo México en camión. Recordamos las ilusiones, recordamos las esperanzas, recordamos los desaciertos, recordamos el rencor, recordamos las diferencias. No ahondamos en las contradicciones. No decimos frases de más. No recurrimos a la sinceridad descarnada.

Ambos sabemos perfectamente dónde se inició el problema. Fue en Santo Domingo, luego del nacimiento de Ana y de la muerte de mi padre. Yo, frente a la derrota ideológica de la izquierda, me llené de culpas y contradicciones, me dediqué a ayudar a los marginados y me marginé. Él se situó sin contradicciones en su origen, cerró los ojos y echó para adelante. En realidad, ambos fuimos coherentes con nuestra educación y formación. Nos traicionamos mutuamente. Él me sedujo con la sensibilidad social que no tenía y yo lo enloquecí con una feminidad frívola que me inventé. Y así configuramos un mundo, tuvimos hijas, nos instalamos en un país extranjero para los dos y se posó la mariposa del silencio en la distancia que separa a nuestras bocas. Luis Miguel se tornó cínico, posesivo y guardián y yo me dediqué a soñar despierta que huía de sus garras. Mientras tanto la vida sigue sucediendo, Lucía y Ana crecen ajenas a nosotros, a nuestros cuerpos y a nuestra guerra, que descansa para recobrar energías y seguir hasta que yo pueda huir o él se canse.

Pasamos la tarde en las ruinas. Las recorremos sin decir demasiado. Subo a las pirámides. Él se queda abajo: me está dando el gusto. Pasaremos la noche en Piste. Como sola un pollo asado en la plaza, sentada frente a la iglesia. Me acuesto en la cama de un hotel barato a su lado. Está cansado, no quisiera estar ahí, hubiese preferido un cinco estrellas en Cancún. La cercanía física se diluye, y el olor a rosas, la lencería negra y el orgasmo con sabor a guacamole se agrian, se escapan y se disuelven con los cantos de los grillos que habitan al final de la calle. Ninguno de los dos le desea buenas noches al otro, y el sueño se instala hasta que una claridad insoportable nos despierta. Vuelvo a sentir náuseas y Luis Miguel me pregunta si no estaré embarazada. Le contesto que es imposible sentir síntomas tan pronto.

—¿No te estás cuidando?

—No, ¿y tú? —respondo categórica.

—Bueno, eres mi mujer. No voy a usar condón contigo.

—¿Por qué no?

—Siempre fuiste tú la que llevó las fechas y tomó pastillas.

—Sí, pero se me ha olvidado. Estos días en Mérida han sido un poco fuertes.

Minimiza la atmósfera dulzona de la casa de sus padres. Me reclama por no haberme preparado después de tener a Ana. Le contesto lo de siempre: "¿Y por qué no te castras tú?" Y volvemos a lo mismo: mi discurso feminista, según él, contra su desconsideración de macho poderoso, según mi criterio. No quiere desayunar en el pueblo, así que llegamos al aeropuerto en ayunas. Ahí nos espera un empleado del hermano al cual le entregamos las llaves del carro y nos lleva los bultos hasta el mostrador. Me desmayo. Vuelvo en mí con un algodón con alcohol que una enfermera de la sala de primeros auxilios me coloca en las fosas nasales. Me toma la presión y está muy baja. Me dan un medicamento y tomo un refresco. Ya estoy mejor. Embarcamos y nos sentamos en primera clase.

—Si estoy embarazada, me hago un aborto.

—Estás loca.

—A los cuarenta, no voy a parir.

—Miles de mujeres lo han hecho y lo hacen.

—No, no voy a tener otro hijo.

—Tal vez sea el varón.

Cierro los ojos y nado por los mares del sur. Me congelo y una ballena anciana me presta un abrigo de algas. Sigo hacia las playas de San Antonio y papi me espera con su poncho blanco y negro para recordarme que en nuestra familia no hay abortos. Las abuelas son enormes caracolas que tejen escarpines y mamá y mi suegra lloran por mí. En la costa patagónica sopla el viento, un viento enorme, soberano y terrible que me golpea el vientre de pez y me obliga a poner tres huevos rosados. Muero, no logro volver al agua y una familia de inmigrantes rusos se comen mis huevos creyendo que son caviar. La azafata me ofrece café y lo pido descafeinado. Bebo y ya no vuelvo a dirigirle la palabra a Luis Miguel. Termina el viaje y pasamos por la sala VIP.

El chofer nos está esperando, intercambiamos tres palabras. Llegamos y el perro y las niñas salen a nuestro encuentro. Muchos besos, cuentos, abrazos y regalos. Ellas nos pintaron un cartel de bienvenida. Necesito descansar y me voy a la habitación. Se quedan con el padre jugando y cuando me despierto no están.

—Morena, ¿dónde se fueron?

—Con el señor al cine y creo que a comer a McDonald.

—Prepáreme una sopa, por favor.

—Se la llevo a la cama.

—Sí.

—¿Están preparadas las mochilas para mañana?

—Sí.

Me trae un caldo de verduras y le pregunto sobre las niñas. Me cuenta que hicieron la tarea con Rosalba, que se portaron muy bien y que casi ni se pelearon entre ellas. Además, me nota pálida, cansada y triste. Me aconseja no ir mañana a trabajar y, antes de contestarle, sentimos el carro que entra. Se levanta del borde de mi cama, donde está sentada, pues sabe que a Luis Miguel le puede dar un ataque si la ve. Llegan, me besan y se van a dormir.

—¿Cómo te sientes?

—Cansada.

—¿Qué quieres? —pregunta Luis Miguel con una intención que traspasa lo inmediato, la gentileza. Noto que quiere saber algo más. Le contesto con total y absoluta sinceridad:

—Quiero ser un pez.

Parte dos

I

No sé cómo comenzar la mañana, si con alguna intervención que tranquilice a Rosalba, llorar o vomitar. Estoy embarazada de dos meses y ayer recorrimos el Moma completo. Le compré unos afiches de Picasso a Abreu. La ropita para su bebé la encontramos en Gap. Los peces ponen huevos y lo confirmo, trágicamente, pues aun tengo el huevo adentro y la única forma en que lograré desovar será con el aborto que me van a practicar en un día, a primera hora. La clínica está en Columbus, cerca del Lincoln Center, hace años que no se mueve. La primera vez que fui acompañaba a una amiga, Mira Wiessman. Antes de entrar desayunamos bagels con cream chease. La esperé durante tres horas. El novio nunca apareció.

De la excursión mortuoria a Yucatán había vuelto confundida; del viaje a Buenos Aires traeré pesar y de esta aventura a traición a Nueva York volveré aliviada. No hay asunto más desagradable que un embarazo a punto de interrumpirse, que una náusea sin sentido, que un mareo

81

hormonal que incomoda. Sería fantástico prescindir del cuerpo o, al menos, que obedeciese nuestras intenciones. Anoche fuimos al Villeage a escuchar blues y no sabía si beber o no. Finalmente tomé una cerveza y le dije a Rosalba, señalándome el vientre: "Para que olvide su corta vida".

El teléfono toma una decisión por mí: suena. Atiendo. Es Luis Miguel, desde Barcelona. Lo de costumbre: "¿Estás bien? Sí, sí, hablé con las nenas. Cuídense, qué hiciste".

—¿No sospecha nada?

—No, nada.

—¿Tú crees que él quiere otro bebé?

—Claro. ¿Y cómo no? Siempre existe la esperanza de que sea varón...

—María Alejandra, ¿estás segura de que te lo quieres quitar?

—Por Dios, Rosalba, parece una pregunta de telenovela.

No solo estoy segura, también estoy apurada. No sé si podré resistir un día más de compras, agua mineral de deli, café descafeinado con las hamburguesas, viajes en subway e interminables elucubraciones sobre el caso del hermano de Abreu, Indira, su madre —ahora liberada de la cárcel— y los e-mails de la colombiana, que perfeccionaba su feminismo en el Perú.

—Respóndeme con honestidad, no con ironía.

—Sí, quiero hacerme un aborto y lo quiero hacer lo antes posible.

—Está bien, si eso quieres eso haremos mañana a las ocho en punto.

—El lugar me parece confiable y los médicos también.

82

—Lo bueno de estar aquí es que, si te matan, los podemos demandar.

—Ahora la que se pone irónica eres tú.

—Me da pánico que te pase algo...

—A una siempre le pasa algo. Mi único temor es que se entere Luis Miguel, y eso no va a suceder.

—Nunca.

Dejamos las confortables camas del hotel tres estrellas de Midtown y bajamos a desayunar tostadas con jugo de naranja y con el New York Times. Le traduzco las noticias a Rosalba, comentamos sobre actualidad, nos ponemos unos abrigos ligeros, octubre lo requiere, y subimos en guagua hacia el extremo final de la isla: Washigton Heights, una vieja paciente del Instituto nos espera. A través de la ventanilla no logro ver las aguas del Hudson, están muy al Este y hay demasiados edificios marrones en el medio. Y hoy no quiero ser pez de aguas frías, de reflejos tristes y puentes sobre la cabeza. Quiero ver el atardecer en Coney Island.

Subimos a la tercera planta, entramos a un apartamento pequeño, nos sentamos en la sala y la hermana de Yocasta nos atiende en bata. La figura de un hombre se adivina en la cocina colando café. No es dominicano. Se escucha un lejano merengue de Tulile y el olor a yautía me descompone. Pido pasar al baño y vomito cada trocito de tostada teñido de naranja. Sentada en el mueble, Rosalba tiene un paquete en la mano. Yudelka le dice algo. Yo interrumpo la conversación.

—Sigan hablando, mujeres.

—Nada, recordando acá con la psicóloga los tiempos en que iba a consulta.

—Tú, aun, no estabas. A Yudelka casi la mata el marido. El tipo era alcohólico y muy violento.

—¿Qué pasó?

—Nada, como siempre. Aun no estaba esta nueva ley, me escapé y terminé acá. Los niños todavía están con mi mamá y mi hermana Yahaira.

—¿Y el caballero?

—Lo terminó matando un guardia celoso que lo confundió con el amante de su mujer...

A eso de las doce estamos libres de la desgracia que constituye la esencia de nuestro trabajo. Abro la puerta del edificio: en la acera unos niños juegan a ser rudos y hablan inglés con acento. Ya no saben español, y lo que es peor: han perdido el ritmo en el cuerpo. Pronto deberán ir a academias para aprender a bailar una salsa o un merengue. El frío les congeló el tumbao. Comento, por decir algo:

—Parece que a la madre de Yocasta, Yudelka y Yohaira le gusta la y griega.

—También tiene tres varones que se llaman Ricardo, Raúl y Richard.

Caminamos hacia el tren movidas por la inercia y nada me evoca el pasado, mis días en Manhattan en compañía de Luis Miguel y mis pacientes latinos. Nada, estoy neutra y vomitiva. Quiero montarme en el F y sentarme en un banco de madera del Board Walk que une Coney Island y Brighton Beach y mirar el más allá. A Rosalba la dejo en Macys, comprando trajes de lino rosado para congresos psicológicos. Me monto en la cuarenta y dos. Ya no llega el tren hasta la playa, hay que bajarse y continuar en una guagua. Finalmente el mar, un mar gris y tenebroso, un paseo siniestro rodeado de un parque de diversiones abandonado y con dibujos horribles.

Al acuario no entro. La sola imagen de ver tantos peces en mi misma condición me lleva a un estado de fobia inaudita. Ellos no quieren ser peces: son peces, pero en un cautiverio autorizado, en una exhibición más siniestra que las vidrieras de la zona rosa de Ámsterdam. Ellas, las cueros, por lo menos obtienen algún gusto, algún placer por excitar. Pero, un pez en un acuario, ¿qué es? ¿Pez o pescado, sadismo o educación? En fin, sigo caminando por el sendero de madera gris, un gris igualito a los troncos secos de la Patagonia, un gris blanquecino, un gris ceniciento que corroe los estadios simultáneos en que mi conciencia percibe el mundo después de cuatro semanas de embarazo.

Cae la tarde y entro en un restaurante ruso a tomar un té. Las sombras transportan judíos ortodoxos que se mueven en las calles con la creencia férrea de pertenecer a un grupo selecto, de ser elegidos y observados por Dios, minuto a minuto. Mujeres tapadas hasta los dientes; niñas de quince años, casadas y con pelucas; hombrecitos en fila, de tamaño liliputiense, entre gigantes pálidos y con bucles que les enmarcan una carita pálida y ojerosa; abuelas cojas y con un aliento a torá y cebolla que las acompaña desde que comenzó el Holocausto, hace más de cinco mil años. Un pueblo bendito, un pueblo que une la bendición con la insoportable herida de tenerla. Un pueblo elegido que deambula por la oscuridad prematura del atardecer, mientras los abuelos rusos de los recién conquistados americanos beben vodka en el mismo recinto que yo.

No quiero morir, quiero recuperarme y dejar el fruto de un intento fallido por torcer una vez más el destino en una funda de basura. Mi cuerpo no soporta al intruso, al embajador de los deseos de Luis Miguel, deseos perfumados que se alimentaron de aguacate y juventud desperdiciada, de hombría mal interpretada, de feminidad en celo. Quiero sacar del agua al pececito que está nadando en mi vientre. Cae la tarde y con ella, mi letargo de mujer preñada. Estoy lúcida, la conciencia es otra vez monolítica, ya no hay varias, ya no se diluye en cada detalle, en cada gesto, ya no hay escape posible a mi destino inmediato y aparente. Yo soy yo y no otra. Mañana, esta que soy se practicará un aborto legal en un centro autorizado para tales fines y estaré engañando a mi marido y traicionando los principios morales de mi padre que, durante todos los días de su vida, fue al hospital público de Viedma a ayudar a las mujeres a dar a luz. Estaré traicionando a los hombres de la casa, pero, por una vez en esta década de matrimonio, no me estaré traicionando a mí.

II

Tomamos un taxi en ayunas y llegamos a la clínica. Soy la primera, luego llegan como quince. Todas, sin excepción, son más jóvenes; bastante más jóvenes. Tacto, sonografía, posición ginecológica, anestesia y despertar con dolor de menstruación. Fin de la historia.

Regresamos al hotel, estoy somnolienta. Duermo todo el día. Rosalba me cuida mientras sube y baja el volumen, se acomoda en el sillón y cambia de canales: de HBO a People and Arts, de Channel 11 a Telecentro. Quiero comer y, recién a las siete de la tarde, me suben una sopa con un sándwich de queso suizo.

—Quiero hablar con mi mamá.

—Llámala.

—No está en Buenos Aires, se fue al Sur.

—Qué pena.

—Sí, es una pena.

Lloro, lloro mucho y me hundo en los pesares de una ballena abandonada. Nado con lentitud, torpemente, y me detengo al final de un iceberg. Busco un hueco pero no lo encuentro. Me levanto para ir al baño y la sangre se agolpa en la toalla sanitaria. Me cambio sentada en el inodoro y compruebo que no es roja: es bordeaux, un color tipo cardenal que no se disuelve con el agua. Los coágulos no se desbaratan, se quedan ahí, mirándome con los ojos de esa tragedia inexorable que implica tomar una decisión. Aprieto el botón y el agua baja y sube llevándose los restos de una evidencia, de un secreto inmenso, de un océano gigante que me separa de Luis Miguel, de mi tierra, de mi juventud. Otra vez quiero huir a pesar de estar muy lejos de casa. En la cama me entrego a las películas, las series y las noticias.

Me entretengo hablando con Rosalba del caso Abreu y se vuelve a hacer de noche. Dormimos hasta las nueve de la mañana y quiero salir a la calle, quiero levantarme pero ni el cuerpo ni la conciencia me dejan. Nunca antes había sentido ninguna contradicción con el aborto. Esta mañana, me siento culpable. Culpable de querer hacerle daño a Luis Miguel sin antes detenerme a pensar en los medios que emplearía.

Otro día más mirando las aguas de sangre, buscando entre los coágulos la cara del bebé que no será, del niño que no se trepará a la mata, del pibe que no jugará a la pelota, del hombre que no odiará, del viejo que no podrá morir rodeado de felicidad y paz. O de la niña que no querrá tener el pelo rosado, de la adolescente que no se ruborizará con el deseo de mostrar los muslos, de la mujer que no se sentirá apresada, de la viejecita que no podrá buscarse un amante veinte años más joven que ella...

A los tres días volvemos a la clínica. Me hacen un chequeo rutinario y me aseguran que todo está bien. El sangrado ha cesado y el alivio corporal se hace evidente: las tetas ya se pueden transportar, las náuseas desaparecieron y el estómago permite abotonar los jeans más ajustados. Terminamos de recorrer los sitios obligados, hacemos las compras finales y, un viernes por la tarde, nos sumamos a los cientos de dominicanos que van y vienen, al menos una vez al año, en los aviones de American Airlines. Al llegar, el rito obligado: migraciones, maleta, salida, chofer, casa, niñas.

Me sorprende mi suegra que se para de la mecedora para venir a recibirme.

—Decidí aceptar tu invitación y adelanté mi viaje. Sin dudarlo más, ayer tomé el avión. Espero que no te moleste...

—No, Digna, al contrario, me gusta tenerla con nosotras.

Las niñas afirman con gritos gloriosos, les encanta tener a su abuela mexicana.

—Ahora solo falta la abuela Ana.

—Bueno, pero recuerden que iremos a verla este año.

—Queremos abrir los regalos.

—¿Y quién les dijo que traje regalos?

—Tú siempre traes.

—Bueno, está bien, vamos a mi habitación.

La más pequeña aparece con un enorme peluche y me cuenta orgullosa que se lo trajo la abuela. Entre paquetes y besos llega la media noche. A las dos de la mañana suena el teléfono: es mi esposo alarmado por la huida de su madre.

—Digna está aquí desde ayer.

Del otro lado del auricular y del mundo escucho a un hombre molesto que me explica el extraño comportamiento de su madre, la irresponsabilidad, la venta prematura, un amigo misterioso, en fin todo el repertorio de reproches y censuras a cargo de un hijo que pretende convertirse en el padre de su madre, ahora viuda. Pienso y no lo digo: "Es que las mujeres nunca nos emancipamos, ni con la muerte del marido". Me alivia haber parido niñas, puras niñas, que por lo menos me aseguran algún respeto de género. Me acuerdo repentinamente de una película que vi en el hotel de Midtown, un trabajo sobre las mujeres afganas. Es increíble, las mujeres de los talibanes denuncian a las otras. En los ghetos había policías judíos. En el desierto no hay peces. Luis Miguel sigue vociferando.

—¿Todavía estás ahí?

—Sí.

—Bueno, cuida que mi madre no se aloque.

—¿Qué puede hacer? ¿Dedicarse al sexo compulsivo, a la droga, al bingo?

—No seas irónica.

—Si a mi mamá le pasa algo. Serás la responsable.

—No te preocupes, mañana le compro una caja de condones y le enseño a usarlos.

—¡María Alejandra, carajo, esto es serio!

Y le contesté como nunca lo habría hecho, como nunca lo habría imaginado.

—Mirá, querido, yo no soy niñera de gente mayor de edad. No soy tu mandadera. Es más, si tu madre quiere vivir, la apoyo. ¿Por qué no reflexionas y piensas cómo la habrá tratado tu padre para que ella haya reaccionado así, para que quiera borrar su pasado? Piensa hasta qué punto tú no estás ocupando su lugar, un lugar de control, de poder, de traición, de desamor.

—Mira, pendeja, no te hagas la lista conmigo. No voy a pagar una llamada desde Italia para oír tu teoría freudiana. Mejor que a mamá no le pase nada...

—A doña Digna no le va a pasar nada que ella no quiera. Buenas noches.

Cerré el teléfono y me dormí. Al día siguiente, el correo electrónico diario de mi esposo traerá adjuntada una tarjeta virtual con pececitos guiñándome el único ojo visible. Estaban de perfil.

Es sábado y dormimos hasta las nueve. Desayunamos en el jardín. Paseamos por la ciudad. Vemos dos películas. Digna y yo tomamos unas cervezas en el Conde y regresamos a la casa como a las dos de la mañana. El domingo es de playa obligado y nos dormimos con las narices rojas. El lunes recorremos las esquinas de siempre y me bajo en el Instituto. Me sorprende la extraña presencia de Indira en mi consultorio.

—¡Hola! ¡Qué sorpresa!

—Mi tío me dijo que usted puede ayudarme a recordar.

—¿Dónde está tu tío?

—Tomando café en la cocina.

—Espérame aquí, ya vuelvo.

Recorro el mínimo espacio y encuentro a todos de gran charla y felicidad. Se me desborda la ironía. Estoy como ácida, pero a la vez insensible. Soy un pez de pecera amargado, una sirena con barriga, un pulpo manco.

—Parece que no solamente se terminaron los cortes de luz en ese país, sino que la violencia intrafamiliar emigró en aviones hacia Holanda, con pasaportes nuevos y visado especial.

—Doña Licenciada —replica Rosalba—, parece que se le revolteó el argentino...

—Puede ser, pero hay pacientes esperando, y encima me encuentro a tu sobrina así, en mi oficina, sin que nadie me la refiera, sin explicación...

—Gracias por los chocolates y los pantis —dice Yocasta, ajena—. Me dijo la Licenciada que conoció a mi hermana...

—Ahora te explico lo de mi sobrina, gracias por esos presenticos.

Me aflojo un poco y respiro aliviada.

—De nada. Ustedes se merecen eso y más.

—¿Cómo están esos países?

—En el mismo lugar.

—Parece que no pasaron hambre, se las ve muy bien.

Acepto un té que me alcanza Yocasta. Me lo bebo sin azúcar y observo a Abreu. Tiene algo que me hace encontrarle cierto parecido con mi suegra, como un alivio, como una libertad, como una soltura de movimientos. Lo percibo como un pez en el agua, sin miedo de ahogarse. Hasta se ve bonito, atractivo, a pesar de su típica indumentaria de hombre formal: es que la sensibilidad vuelve bonito a cualquiera. Me relajo. Ya habrá tiempo para que me refieran pacientes, para comentar casos, para sentir náuseas de las violaciones a los menores y los asesinatos de mujeres pobres. Ya habrá tiempo para escuchar, para responder, para explicar, para interpretar, para intentar que cada vez mueran menos, que cada vez hablen más, que cada denuncia se tome como es debido. Habrá tiempo para escapar de las redes del instinto y hundirse en los perfumes del placer. Hay mucho tiempo, tiempo con sol y lluvia, tiempo al aire libre y escondido. Siempre habrá tiempo. Sí, eso es lo que sobra.

Escucho atentamente a Yocasta cuando me explica las peculiaridades de un caso muy delicado. Abreu me cuenta lo que cree de Indira y por qué es importante que la ayude a recordar. A lo cual le digo que por qué no la ayuda él que estuvo en el momento del asesinato. Ni bien termino de decirlo, me doy cuenta de que me equivoco, pues él no estaba: llegó por aquella llamada al celular. Intento desdecirme, pero él me mira con una inmensa ternura que me obligan a callar toda disculpa o toda pregunta.

Durante los próximos dos meses, antes de viajar a Buenos Aires, me dedico a mis hijas, a mi suegra y su novio —ya instalado en un hotel—, a la sobrina de Abreu y a sanar la herida de un aborto deseado. Todos los jueves por la tarde practico natación, mientras mis hijas van a clase de teatro. Sigo queriendo ser un pez. Luis Miguel ni piensa en volver, escribe e-mails, llama y mantiene la cuenta de banco en buen estado. Y percibo que todos disfrutamos de ser pequeños burgueses traumatizados, mientras les explicamos a los hacinados (lo de "clase obrera" es para el primer mundo) cómo esquivar los golpes. Cuando de verdad dejemos de disfrutar, les daremos clases de tiro al blanco. Alguien dijo: "Esta matadera de mujeres se va a acabar cuando les disparen a un par de varones abusadores". La verdad es que no tengo respuestas ni soluciones, apenas soy una psicóloga argentina que vive en República Dominicana y que está casada con un mexicano rico y machista.

Sí, lo sé: esto último parece de telenovela.

93

III

Los días transcurren hasta entre lápices de colores y el olor del grafito en la cocina. Doña Digna y su novio ya salen solos, ya han tenido relaciones sexuales. A él ya lo conozco y me resulta un señor encantador. Un escultor de Mérida, de unos sesenta y cinco años, dulce y sensible como solo algunos artistas logran serlo. Me atrevo incluso a que conozca a las niñas y se lo presento a ellas como un antiguo amigo de la abuela que justo estaba de visita en Santo Domingo.

—¿Cuánto tiempo se queda de visita ese amigo de la abuela? —pregunta Ana.

—Se va casi cuando yo me voy.

—No será tu novio —afirma más que pregunta Lucía.

—Sí, es mi novio —contesta mi suegra categórica.

Nadie dijo nada, hasta que yo comencé a cantar: "La abuela tiene novio", y todas siguieron, y nos reímos, y jugamos bajo el agua haciendo burbujas de colores con forma de corazones gigantes donde se guardan los peces más hermosos y gentiles. Donde viven los reyes y los príncipes que siempre besan en la boca antes de acariciar los senos.

El domingo siguiente nos fuimos a Altos de Chavón. Como el chofer me pidió el día libre dejé que Juan José —que así se llamaba el escultor novio de mi suegra— manejara la jeepeta del año de Luis Miguel.

—María, ¿cuándo vas a aprender a conducir?

—Debería.

—Hasta yo sé —dijo Doña Digna.

—Si quieres te enseño —se ofreció Juan José.

—Estaría bien.

—¿Cuándo empezamos?

—Ahora mismo.

—Está bien —dijo y comenzó a explicarme los pormenores del freno, el acelerador, las direcciones, las luces y las diferencias entre un carro mecánico y uno automático.

Las niñas se pusieron contentas con la idea de que su mamá manejara, y yo me acordaba de los colectivos repletos de personas a la salida de la universidad en cualquier tarde porteña o del subway en Nueva York con olor a encierro y grupos de jazz. Me acordaba de haber sido una mujer de a pie hasta que llegamos a este país y a esta ciudad, y la vida se transformó en un exquisito nido de comodidades y aire acondicionado, con médicos de lujo y colegios bilingües y perdí el control de una vida más o menos suave, con cierta fascinación por la vida burguesa, hasta que mi padre decidió morirse y comencé a separarme del mundo soñando, y a desear ser un pez.

—Está decidido: a partir de mañana aprendo a manejar.

Me tomó solo dos meses dominar el oscuro arte de conducir por Santo Domingo. Lo logré y obtuve mi licencia. A partir de ese momento soy una mujer independiente que intenta averiguar cómo se transforma un carro en submarino para adentrarme en las costas de San Pedro de Macorís, salir por la ventanilla y sumarme a cualquier cardumen y esconderme en el banco de corales que bordea el puerto.

Ese domingo, en Chavón, lo pasamos bien. Comimos pizza, las niñas corrieron entre los monumentos geométricos de una plaza de piedra y Ana se tropezó varias veces. Doña Digna y Juan José se perdieron en las sombras para tomarse de las manos y creo haber visto un apasionado beso debajo de la enredadera de campanas amarillas que crece al costado de la iglesia donde se casan los ricos y famosos. Sentí una alegría inmensa y quise celebrar pero no pude: aun me dominaban la furia y el miedo. La furia por aceptar la infelicidad y el miedo a equivocarme.

—Vamos a tomar unas cervezas —dijo mi suegra—. Yo invito.

—Abuela —dijo Lucía— los varones son los que pagan.

—No —respondí escandalizada—: las mujeres también pueden pagar.

—No es cierto, papá siempre paga.

—Bueno, pero eso no significa que mami o la abuela no puedan pagar.

—Morena —insiste Lucía— dice que a un hombre siempre hay que sacarle algo.

No quise continuar. Tenía demasiado trabajo que hacer con mis hijas, pero aun no sabía ni cómo ni cuándo. Había pasado de ser una militante de izquierda e hija del primer comunista de la Patagonia, a estar metida ahora en este dilema de la sagrada familia de Engels, con un tremendo malentendido entre género, dinero, mujer pasiva, hombre activo, hombre que goza, mujer que sacrifica placer por comodidad. Mierda, qué mal estaba todo. Mejor era aceptar la cerveza de mi suegra y dialogar amablemente con el novio escultor sobre el icono de la posmodernidad que es una ciudadela medieval escenográfica en medio de la miseria de los ingenios del Central Romana.

—Mire, este engendro de piedra de coral está entre la posmodernidad y la perversión.

—La posmodernidad tiene mucho de perversión.

—Bueno, desde el punto de vista semiótico, puede ser.

—Pero, no olvide que legitima todos los discursos.

—Si fuese así, sería bueno, pero no creo que los legitime: más bien los incorpora para que no sean contradiscursos. Y esa es la forma más perversa de anularlos.

—Puede ser.

Volvemos con el sol del atardecer en la mirada y las niñas se duermen y nadie habla. Ya se había dicho demasiado, ya cada uno sabía a qué atenerse. Ya las dos cervezas pequeñas me habían producido una ensoñación agradable mezclada con el sol sobre las mejillas y los hombros. Noviembre estaba terminando pero aun el aire cargado de los huracanes que se iban le seguía quitando liviandad al clima que ya estaba deseando convertirse en brisa.

Llegamos y le entrego las niñas a Morena, a quien le tocaba quedarse en la casa ese fin de semana. Me baño, me cambio y salgo al jardín. La ventana de la habitación de mi suegra está entreabierta y escucho los gemidos de Digna y su novio. Lloro. Me desespera tanto desamor. No quisiera esperar a quedarme viuda para animarme. No puedo soportar la idea de la muerte como única solución al encierro. Dos personas de más de sesenta gimen de placer, y yo lloro.

—Te despertamos —pregunta mi suegra cuando se asoma a la ventana para cerrarla.

—No, descuide Digna, todavía no me pude dormir.

—¿Quieres que baje a conversar?

—No, está bien.

—¿Seguro?

—No se preocupe.

Me quedo sola por una fracción de segundo y, cuando muevo la cabeza hacia la derecha, tengo a mi suegra parada frente a mí. Se sienta mi lado y me acaricia la cabeza.

—M'hija, ¿te molestamos?

—No, me conmovieron.

Me abraza como una madre y huelo sexo en sus axilas. Mis lágrimas le mojan la bata celeste ternura. Me abraza más fuerte y, con la profundidad de un maya adivino, dice:

—Yo sé que mi hijo es un cabrón.

—¿Cómo lo sabe?

—Yo lo crié para que lo fuera.

—¿Por qué?

—Por orden de su padre y por mi propia voluntad. Estoy tan arrepentida que hasta soy capaz de matarlo.

—A veces quisiera que no volviera para poder decirle a la gente que se murió.

—Así se muere sin morirse.

—Algo así.

Subo a mi habitación. Antes paso por el cuarto de mis hijas y las veo dormir tan seguras, tan protegidas de las pasiones que las envidio. ¡Quién pudiera volver a la tarde de la niñez, cuando el sol se colaba por los espacios que formaban los techos contra el cielo! Quien pueda dormirse entre la paz de las hijas y el placer de la abuela. Yo, por ejemplo, me dormí y volé por las alturas imprecisas de la Cordillera Central, y descendí en picada sobre el Atlántico a la altura de Gaspar Hernández, y me hundí en el mar sin frenos, sin cuidado, sin luces direccionales, sin temor a equivocarme. Toqué el fondo del océano y fui un pájaro-pez que juguetea entre los mejillones y el tiburón, que seduce a los incautos y selecciona al peor.

IV

—Hola, María, ¿cómo estás?

—Bien, Abreu. ¿Y tú?

—Con el caso de mi hermano en la justicia.

—¡Qué lío!

—No te imaginas. Mi madre no puede creer el cabrón que tenía por hijo.

No respondo, no pregunto, no entiendo lo que escucho. Abreu estaba hablando mal de su hermano muerto y asesinado por el hermano de la mujer de la calle. Me estaba sorprendiendo, igualito que mi suegra. Pero, ¿qué pasaba? Los más adaptados se estaban desajustando. ¿Y quién mejor que una psicóloga para manifestarle el desajuste?

—Tanta mierda está saliendo a flote.

—Sí, toda y más.

No sé por dónde continuar el interrogatorio, si por el prófugo o por su hermana, ni si debo contarle de Indira y su tratamiento. La verdad es que estoy perdida. No sé si actuar desde mi lugar pequeñoburgués, si ser feminista o usar argumentos marxistas para explicar el caso como una manifestación de la lucha de clases. Podría echar mano al psicoanálisis y tratar de ubicar elementos simbólicos reprimidos en el inconsciente que afloran al conciente en forma de agresión. También podría dictaminar una sentencia bíblica y decir: "Todo es vanidad y apacentar vientos". Podría hacer tantas cosas, pero no hago nada, estoy atónita frente a lo que considero la mirada ambigua de un pescador noruego que no sé si me va a freír o me va devolver al mar.

—Mira, quisiera hablar contigo.

—Cuando quieras, pero, ¿de qué? ¿Hay algún caso en particular que te preocupa?

—Quisiera tener una entrevista profesional para que me orientaras.

El pescador noruego me suelta y vuelvo al mar Ártico. Aunque algo congelada, recupero mi perspectiva profesional, salgo del agua y soy de nuevo una psicóloga argentina en el Caribe que debe olvidarse de Freud, Lacan y Melanie Klein y aplicar las teorías americanas de normalización de personas. Me pongo en situación y contesto:

—Cuando quieras.

—Ahora. Estoy desesperado.

Le salen las lágrimas, otra vez estoy frente a un Abreu médico legista, desestructurado. Un Abreu que acaba de ser padre y perder un hermano en circunstancias violentas. Estoy frente a un hombre que, mucho más allá de todos los pronósticos, de su género, de su profesión, de su clase social, es sensible. Estoy frente a un hombre que no ha intentado resolver su conflicto, sea el que sea, seduciendo a la secretaria o a Rosalba o a mí. Estoy frente a un hombre, y eso siempre abisma.

—Bueno, cálmate, ahora tengo media hora antes de que llegue una familia de Villa Consuelo.

—¿Cuál? ¿La del caso de la niñita a la que le quemaron las manos?

—Sí, esa misma.

—¿Y a quién estás tratando?

—A la niña y a la abuela que la recogió.

—Esa abuela no es en realidad abuela: es la madre que crió al padre.

—Sí, ya sé.

—¿Podrá esa niña alguna vez recuperarse?

—Mira, en este contexto no sé muy bien qué es recuperarse.

—Bueno, digo aprender a defenderse.

—Todo esto no se va a solucionar ni llenando el país de oenegés con orientadoras y psicólogas y voluntarios de las universidades de los centros civilizados.

—Sí, ya lo sé, es un problema social endémico.

Otra vez el discurso no me cuadra con el personaje. Antes, Abreu habría dicho: "Es que son unos brutos, unos animales. La pobreza no justifica lo que hacen. Habría que hacerles a los violadores lo mismo que ellos les hacen a sus víctimas. Todo se resolvería con la pena de muerte". Nunca llegó a decir esta frase: "Cuando Trujillo no había libertad pero no se veían estas cosas". Pero nunca pensé que dijera esta otra:

—Los culpables o primeros responsables de esta situación son los grupos de poder, la veintena de familias ricas que tienen un campo de golf al lado de los bateyes.

—Sí, es un poquito perverso el asunto...

—Sí, y luego se espantan de la promiscuidad o el incesto.

—La perversión incita a la perversidad.

Detengo el diálogo ideológico. Lo invito a pasar al consultorio número uno, pues en el dos está Rosalba con el hombre que encontró a su mujer con su propio hijo (el de él) teniendo sexo oral en la cocina, que se separa de la casa por un pasillo de tierra colorada y seca. Sé que la conversación es un recurso para esconderse, para no decir lo que no se puede decir.

—Siéntate.

Él se sienta en la silla de los pacientes. Yo retiro mi silla de atrás del escritorio y la coloco frente a él. Me siento, lo miro a los ojos, le tomo las manos, y sin solución de continuidad, se pone a llorar. Lo abrazo y, así como le empapé a mi suegra su bata celeste ternura, Abreu me empapa mi camisa con ramos primaverales. Se desploma sobre mi hombro, le doy el consuelo profesional reglamentario de no más de cinco minutos. Lo aparto, le digo: "cálmate", y le alcanzo unos pañuelos de papel que siempre tengo a mano. Yo misma los compro: la institución no tiene presupuesto para proveerlos.

—¿Quieres hablar?

—Sí, pero no puedo.

—Podemos intentarlo otro día.

104

Se para, se mete las manos en los bolsillos. Mira por las rendijas de las ventanas. Me da la espalda. Sigo sentada. No soy un pez, soy una profesional alerta. Se da vuelta, me mira y dice:

—Mi hermano era igualito que todos: un tíguere.

—Sí. Por lo que sé, su conducta afectiva, sexual y social no difería de la de la mayoría de la gente de su género y condición.

Trato de sonar estadística para encontrar en la norma científica cierto reparo, cierto lugar de protección o de alivio. Sin duda, ese debería ser el propósito fundamental de la objetividad: protegernos de las circunstancias y, particularmente, de las que nos involucran. Pero, en el caso de Abreu, esto no surte ningún efecto. Si algo él conoce, como médico, es el discurso de la objetividad científica. Así que intento con la empatía:

—Sí, ser normal, o sea, cumplir con la norma, no lo eximió de ser un hijo de la gran puta, Abreu.

Abreu se ríe, se distiende, se vuelve a sentar y me mira a los ojos de nuevo. Tiene unos ojos marrón miel llenos de vetas amarillas que se mueven con prisa. La suya es una mirada aérea. Él no quisiera ser un pez: es un colibrí enjaulado en el cuerpo de un hombre que revolotea por las entrañas y golpea en los oídos tratando de escapar. Abreu cuenta cosas, habla de su madre, la gran apoyadora; de su padre, el gran comerciante de La Vega que todo lo resuelve con dinero, ron y cueros; de su hermano, un ingeniero oportunista que construía carreteras para los gobiernos de Balaguer y Leonel; de su cuñada oficial y de sus cuñadas "postizas"; de los tres sobrinos oficiales y de los siete de la calle. Habla también de su mujer, a la que adora, y del hijo recién nacido que es un encanto. No lo dice, pero lo deja dicho: se siente culpable por la muerte de su hermano. Pero no esa culpa que provoca la muerte de un ser querido, se siente culpable porque no puede evitar creer que su hermano se merecía no solo la muerte, sino morir de esa manera.

—¿Había una gran rivalidad con tu hermano? ¿Tus padres lo preferían?

—No, mis padres no lo preferían, pero jamás lo corrigieron. Desde muchacho le festejaron sus abusos. A la primera que preñó fue a una sirvientica de trece años, cuando él tenía dieciséis.

—Y contigo, ¿qué actitud tenían?

—Siempre me quisieron, siempre me apoyaron. Mamá les decía a sus amigas que su hijo menor era un santo, todo lo contrario del mayor.

—¿Y tu padre?

—Papá, cuando se pasaba de ron, voceaba que tenía un hijo cura y otro guardia.

—Además de la conciencia, ¿qué es lo que te tiene tan mal?

—Estamos en el juicio y ni mi madre ni mi mujer, a pesar de saber las cabronadas de mi hermano, entienden por qué no me esfuerzo por hundir a la familia de Indira.

—Tú sabes mejor que yo que esta es una sociedad que no obedece a la ley, sino al deseo.

—Pero yo quiero que se haga justicia. No justifico el asesinato, pero quiero que se tengan en cuenta todas las atenuantes.

—Sigue adelante.

—Necesito tu ayuda.

—¿Cómo psicóloga?

—Sí, como psicóloga de mi sobrina Indira.

Me pide que redacte para la corte un informe completo sobre Indira, con detalles de sus trastornos psicológicos y de sus testimonios acerca de los abusos de su hermano. Y sobre todo, me precisa que necesita que ella recupere la memoria, que salga del shock. Así puede contar cómo sucedieron exactamente los acontecimientos. Le digo que, por un lado, voy a hacer todo lo posible, que hay técnicas, que trate de hacer un trabajo de duelo por la muerte de su hermano, pero que, por el otro lado, él debe tratar de explicarle a su mujer su perspectiva. Que al final, para ella va a ser una grata sorpresa enterarse de que no se había casado con un cerdo machista. Que no tiene que esperar el golpe, que puede quedarse tranquila. Le digo que, para ella, como para cualquiera, es difícil aceptar el cambio en los patrones esperados, aunque esos cambios sean positivos.

—Somos animales de costumbres —sentencia Abreu mientras me mira el escote sin disimulo.

V

Vuelvo del Instituto. Ya sé conducir carros automáticos. Estoy agotada de intentar recuperar la memoria de Indira. Abreu está cada vez más desesperado. Me cuenta que está teniendo problemas con su madre y con su mujer. Mi suegra está esperándome en la mecedora del jardín. Las niñas aun no han vuelto del colegio. Ya no voy a recogerlas: mando al chofer. Estoy demasiado cansada y no puedo arriesgarme a volver a apretarme del pecho y desplomarme. El medio día arrecia. El sol se cuela por entre los lentes oscuros y la comida todavía no está lista. Sin embargo huele a ajo y tomate.

Entro a mi habitación. Me quito la blusa, los zapatos, el pantalón y por último los brasieres. Me pongo una bata vieja y cómoda. Bajo a la cocina y le pregunto a Morena qué hay de comer. Busco a mi suegra y, en el momento que salgo al jardín, llegan las niñas. Abrazos, besos y relatos escolares variados. Comemos las cuatro una lasaña de queso y carne molida. Guineos y mangos de postre;

café para doña Digna y mate para mí. Ana tiene tarea de matemáticas y Lucía debe terminar un relato en inglés. Descansamos en la sala, bajo un abanico gigante de techo. Me entreduermo y escucho el sonido de la tarde que comienza.

Suena el teléfono como cinco veces. Por fin atiende Morena y llama a mi suegra que se levanta del mueble y camina segura hacia el aparato. La escucho discutir y cerrar bruscamente. Vuelve a su asiento y Lucía le pregunta:

—Abuela, ¿qué pasó?

—Nada, mi hijita, no se preocupe.

—Niñas, suban a su habitación a comenzar la tarea.

—Hijos de la chingada.

Era la primera vez que oía a doña Digna decir malas palabras. Trato de suavizar la situación con una pregunta tonta:

—¿Quiénes son los hijos y quién la chingada?

Se ríe con ganas.

—La chingada soy yo, y los hijos, los míos.

Me río desorientada. Se sienta a mi lado y me cuenta que ella quiere vender y recibir su parte. Ellos quieren seguir los negocios y darle a ella su ganancia. "Ellos quieren que me quede en Mérida de viuda discreta y me dan un porcentaje mayor de las ganancias", me dice. "Pero no pienso ceder. Los hijos varones no son tus hijos, son tus enemigos, y yo voy a desafiarlos como una enemiga, no como una madre. No voy a tener piedad".

—¿Por qué quieren que sea una viuda discreta? ¿Tiene alguna relación con las ganancias?

—No te olvides de que ya no son mis hijos, son enemigos.

110

—Digna, quizás puedan acercarse y hablar como madre e hijos.

—¿No te das cuenta de que quieren archivarme?

Veo a Luis Miguel y a su hermano guardando a la madre en un gavetero de acero color gris. Veo archivos para peces y me colocaban en la letra L de luz. Veo un atardecer en la montaña y me entero de que mi esposo se había convertido en una caricatura de su padre. La madre estaba en guerra con sus hijos y, finalmente, les ganaría. El precio del triunfo sería el rencor y el olvido por parte de ellos y la libertad de ella.

Me cuesta trabajo concebir la estricta determinación de mi suegra de no dejarse joder. No medía consecuencias afectivas: de verdad y desde lo más profundo, aborrecía a su difunto esposo y a todo lo que él significaba, incluso aborrecía su propia conducta de sumisión en el pasado. Tanto aborrecía todo eso que, por pura voluntad, pero no de la conciencia, sino una voluntad que le brotó de la muerte del esposo, había comenzado a cambiar sin mucho plan, sin mucho orden, por puro deseo. Y he comprobado que la mezcla entre la voluntad y el deseo es imparable...

Tampoco puedo asimilar del todo su desapego respecto a sus hijos. Realmente no le importaba estar en pleito con ellos, que no la entendieran. Era como si esos hijos no fuesen de ella. Eran absolutamente sacrificables. Eran un obstáculo para vivir. Pero, a la vez, los podía sacrificar porque le pertenecían, porque ella los había parido y tenía el supremo derecho de matarlos. Si Medea lo había hecho por despecho, bien podía hacerlo Digna por amor.

Me resulta interesante comprobar una vez más lo falocéntrica que es la teoría freudiana: habiendo tantos mitos trágicos en la cultura griega, ¿por qué insistir con Edipo? Mi suegra claramente estaba pasando por un estado de Medea que, frente a la muerte, y no la traición de Jasón, decide acabar con su progenie, porque, de alguna manera, no la considera propia. No ve en las miradas de sus hijos ni un destello de sí misma. Sabe que fue utilizada para la procreación, como tantas. Hasta María aceptó el sacrificio de su hijo, no para liberarse, sino para entregarlo, y lo entregó porque sabía que no le pertenecía, que no era de ella, que era del pueblo. Un pueblo que necesitaba una prueba de Dios.

Mi suegra, sin duda, es Medea enfurecida. Y yo, ¿quién soy? Una tímida Clitemnestra que espera que Agamenón no vuelva, para no tener que matarlo. Una esposa que desearía vivir eternamente entre paréntesis, continuar esperando que vuelva el marido, pero también, que el día de su regreso no llegue nunca. Una mujer griega que deplora la guerra, pero que la necesita para ser ama del palacio, mientras tanto. Una mujer entrampada entre el dolor y la ideología, una mujer que sueña con ser un pez y que se ahoga con el aire que la asfixia.

Mi suegra nunca quiso ser un pez. Ella esperaba detrás de las cortinas invadidas por el olor a cilantro y tomate. Esperaba amasando odio y tragando esperanza. El día menos pensado llegó la muerte, que nunca se desea, pero que, inexorablemente, nos libera de una u otra manera. Doña Digna tomó las riendas de su vida y dijo "basta", y ahora Luis Miguel y su hermano tienen que venderlo todo, tienen que ver desarmarse el imperio de su padre para entregarle a su madre lo que le corresponde, y esta vez no piensa sacrificar su destino.

VI

Las sesiones con Indira no conducen a mucho. Nos vemos en el Instituto una vez por semana. Su tío le paga el pasaje. Le pregunto, me responde. Nunca trae una inquietud, algo que ella quiera contar, algo que la preocupe, una alegría, una angustia. Todo lo comenta con neutralidad, con cierta resignación teñida de resentimiento. Siento que no confía en mí, que mi acento y mi extranjería la alejan. Rosalba y Abreu insisten en que soy la persona idónea para ayudarla.

Evidentemente, sufrió un trauma cuando presenció el asesinato de su padre a manos de un miembro de la familia. Sin embargo, su estructura psíquica estaba dañada de antes: la pobreza, el rechazo, el saber quién es su padre sin poder decirlo, el reprimir el odio y el afecto, todo eso le dio a su personalidad ese tono sombrío, ese gesto de derrumbe perpetuo.

Intento de todas maneras, con imágenes, con cuestionarios, con tests, con asociación libre, con juegos. Me

113

falta la hipnosis, pero la considero peligrosa y extrema, sobre todo considerando el episodio de trance que tuvo el día del asesinato.

A pesar de mis intentos por ayudarla, sigue siendo un renacuajo que flota en los lodazales que se forman al costado de los barrios. Aun sigue viviendo entre la nube de mosquitos con dengue y la oscuridad. Quiero penetrar en su mundo, pero no me deja. No quiere que la rescaten. Se sabe perdida entre las fuerzas cósmicas que la dominan. Quisiera liberarse, gritar lo que siente y ve.

El deseo no le alcanza; no puede dominar su voluntad; está estancada, flotando en la superficie, esperando que se acabe el oxígeno del agua contaminada. En el fondo de su alma existe la esperanza: sabe (escuchó que se lo decían a su abuela), que una mujer rubia que venía de muy lejos, iba a rescatarla. Abreu lo sabía, y por eso insistía en que se tratara conmigo.

Yo, mientras tanto, le pregunto y la escucho. Comienzo a aburrirme y no entiendo cómo la voy a sacar del charco de agua estancada y llevarla conmigo al océano. ¡Eso es! Llevarla a la playa. Eso es lo que voy a hacer.

—Trae el traje de baño la próxima vez: nos vamos a la playa.

—No tengo.

—No te preocupes, yo te conseguiré uno.

A la semana siguiente, viajamos hacia el Sur. Pasamos Haina y San Cristóbal, y nos desmontamos en Najayo. El medio día de octubre aun es implacable. La humedad me riza los cabellos. Nos quitamos la ropa y la dejamos sobre unas sillas plásticas que alquilan por un par de pesos. La tomo de la mano y corremos hacia el mar. En la orilla, se detiene.

114

—Debemos entrar de espaldas. Mi abuela dice que esa es la única forma de limpiarse. Es la señal para que Yemayá nos quite lo malo y lo bote al mar.

Le hago caso y nos internamos en un mar gris con fondo de piedras y habitado por unos peces negros como el corazón de los verdugos. No hace frío, pero el agua está intranquila, como revuelta por las fuerzas del desamparo. Esas mismas fuerzas nos halan hacia adentro, nos arrastran, nos obligan a hundirnos y resistimos tomadas de las manos. No somos peces, aunque quisiéramos.

—¿Estás bien?

—Sí, licenciada.

—¿Quieres salir?

—Sí, yo ya boté lo malo. Y ¿usted?

—No creo.

—¿Qué tanto mal puede tener usted?

—Muchísimo.

—Si usted lo dice...

Salimos con algas en la espalda, caracoles en el pelo y arena entre el traje de baño y la piel. Nos cubrimos con las toallas, nos sentamos en las sillas plásticas y apoyamos los codos sobre la mesa. También plástica.

—¿Quieres pescado frito?

—Bueno.

Hago una señal, viene una doña poseedora de un perímetro vital considerable. A los diez minutos aparece un jovencito con dos servicios de pescado y frito y cuatro ruedas de batata, una cerveza y un refresco. Comemos y bebemos. Terminamos repletas de cansancio y sueño.

—Yo sé que mi tío no mató a mi papá.

—¿Quién fue?

—Eso no lo recuerdo, pero sé quién no fue.

—¿Lo querías a tu papá?

—No lo conocía.

—¿Te habría gustado conocerlo?

—Sí.

Indira hace un silencio voluntario hasta entrar en la capital. Yo tampoco insisto. Ella ya había dicho demasiado.

—¿Te dejo en casa de tu tío o vas a Pantoja con tu abuela?

—Voy donde mi tío a ayudar con el bebé.

—¿Te sientes bien con la familia de tu padre?

—Sí, en especial, la doña, mi abuela.

—¿Por qué?

—Siempre me dice que yo voy a ser una mujer importante.

—¿Tú que crees?

—Me gustaría que fuera cierto.

Intento convencerla de la necesidad de hacer las cosas con conciencia, con deseo y voluntad. Entiende, pero no parece dispuesta a hacer lo que le pido. Ella vive en el mundo de los "trabajos": la magia, las energías superiores que determinan el presente. Quisiera poder desear, pero no puede: hay algo que se lo impide, un nudo primario que la coloca justo en el centro del charco de agua estancada.

De vez en cuando sale a la superficie y busca ayuda, cariño, incluso hasta encanta con su carita de desamparo y sus ojos de pececito perdido.

—Llegamos.

—Adiós, Licenciada, gracias por el paseo.

—Nos vemos la semana próxima.

—¿Adónde vamos a ir?

—Adonde tú quieras.

—Al cine.

—Ok.

Se desmonta y toca el timbre en casa de Abreu. Sale la trabajadora a recibirla. Entra. Se queda del otro lado de la puerta y arranco. Conduzco mecánicamente por la Gustavo Mejía Ricart y doblo en la calle de dos cuadras donde está mi casa. Entro, subo directo a mi habitación y me quito la ropa. Entro a la ducha y me quito la sal, me lavo el cabello y veo cómo los trocitos de caracol, la arena y las algas se agolpan en el drenaje. Pienso: "La próxima sesión, vamos a ir al cine a ver El diario de una geisha".

No soy un pez. No logro ayudar a Indira, ni encuentro la manera de salir de la pecera a pesar de desearlo y dominar la voluntad consciente. ¿Qué fuerzas, qué hechizo, qué "trabajo" me paraliza? ¿Quién me lo hace mientras nos separan en los sueños, mientras los ideales se entumecen, mientras respiro tu ausencia, destejiendo el recuerdo de tu perfume de varón?

VII

Es raro que me conecte a Internet. No me gusta, pero esta noche estoy mandándole un informe sobre Indira al abogado de Abreu y encuentro a Luis Miguel en el chat. Inmediatamente, él me ve conectada, me manda un mensaje y comenzamos una conversación íntima sobre la yema de los dedos. Pregunta por las niñas. Obvia a su madre. Me cuenta de los negocios, los arreglos, los nuevos diseños. Le cuento de lo doméstico, de las tareas, las clases de ballet, las dificultades en Matemáticas de Lucía y así hasta lindar las cercanías de lo patético.

Me pregunta por mí entre florecitas y labios. Le digo que estoy mejor de salud y preocupada por el caso del hermano de Abreu y su sobrina. No acusa recibo. Insiste en los negocios, los viajes, lo mucho que nos extraña y pregunta si finalmente nos vamos a Argentina en diciembre. Le digo que sí, que hasta reservé los pasajes, que buenas noches y que llama el sábado en la mañana para hablar con las chicas. Me despido.

Me acuesto necesitada de hombre. Vuelvo al chat y ya no está. Quisiera preguntarle con quién se está acostando, con quién descarga sus impulsos de machote. Quiero saber con quién me traicionan o por qué me dejo traicionar. Quisiera enojarme, tener celos, salir de la neutralidad asexuada que me produjo su desprecio, pero es imposible. Me muero y no reacciono. Apenas comienzo a masturbarme, los varones se me desdibujan. Ya no quiero más abandonos, más explicaciones, más esfuerzos excesivos por mantener al amante. No soy una mujer de trucos, no soy una mujer astuta. A veces no soy ni tan siquiera una mujer: soy apenas una persona retraída, respetuosa, sometida la anestesia general de la existencia.

No soy feliz: sueño todavía con sus cabellos ondeados por la brisa y mi falda en la cintura; quisiera ser una sirena y desviar a los marineros, pero estoy cansada, prefiero leer sobre la diversidad y la marginalidad.

Lo deseo, pero no lo quiero cerca. Agradezco la pasión final de Mérida, pero no tengo voluntad para montarme en un avión y correr a su encuentro. No tengo ánimos para pelear por él, para echar a las intrusas. No puedo planificar su asesinato. No puedo desear. Me duermo.

Soy una enorme ballena herida que grita en el mar del Norte, lejos de todos para que nadie la consuele, para que no la compadezcan. Una ballena hembra repleta de leche para la cría, una ballena madre que nunca sintió el calor de la protección, que siempre se dedicó a proteger al universo, un universo enorme y complejo que nunca tuvo quien lo atendiera. La ballena es capaz de proteger a los astros y acariciar a la luna las noches nubladas. La ballena quiere pedir cariño, pero no sabe cómo, es demasiado grande, inútil y torpe.

Es otra vez de noche y vuelvo a encontrar a Luis Miguel en el chat. Intento con el cariño, con algo de celos, con coquetería, y no resulta. Estoy desarticulada, estoy rendida por el silencio, por las palabras y por la trampa mortal de vivir con sentido de la responsabilidad.

La oscuridad me gana por tercera vez consecutiva y, esta vez, encuentro a Abreu en el chat. Le digo que voy a llevar a su sobrina al cine y él me dice que no puede dejar de pensar en la carita de su bebé cuando se duerme. Me enternece.

Luis Miguel ha desaparecido del chat, pero su nombre en gris se distingue entre la lista de contactos que aparecen y desaparecen cada vez que la soledad se adormece a mi lado con la ilusión de un atardecer en Juan Barón, cuando las montañas de Ocoa se acercan al río Nizao, como las pirámides que recuerdan la inmortalidad de Dios.

Apago la computadora y dejo en el escritorio un lapicero color morado destapado que me regaló Ana. A los tres días está seco y los pececitos amarillos que nadaban en la tinta se murieron.

VIII

Por fin llega diciembre y estamos a punto de irnos a Buenos Aires. En dos semanas las niñas terminan las clases y la ansiedad crece. Todas queremos llegar a los brazos de la abuela Ana. Digna viaja el mismo día que nosotras pero con destino al D.F. Allí la espera su novio escultor y sensible. Los abogados están a punto de ganar el pleito en Mérida. Aunque dos semanas parecen poco tiempo en la espera de un viaje, en las vertiginosas circunstancias de Santo Domingo son un instante veloz pero poblado de eventos. Entre otros sucesos, sucedió uno imposible de creer: Abreu fue abandonado por su mujer. Lo acusó de estar prestándole más atención a su sobrina de la calle que a su hijo legítimo. La noticia me conmueve y me desorienta: nunca creí que la conducta diferente de un hombre, quiero decir, la conducta justa, ecuánime y sensible de un hombre, podría incomodar tanto a una mujer. Así como mi suegra me sorprendía con su transformación rotunda, así la mujer de Abreu me dejaba en blanco al imponerle al marido la conducta esperada. Incluso si se pasase toda la vida quejándose y esperando el cambio.

Y yo, ¿qué haría el día que Luis Miguel me propusiera transformarnos en clavadistas en Acapuco? ¿Aceptaría? Nunca se sabe: no es posible anticipar la conducta humana. Incluso yo, que vivo de estandarizar y explicar las conductas humanas, de predecir, de valorar, de esperar ciertas o cuales cosas, no sabría como reaccionar frente al cambio. Por eso no me muevo, aunque viajo de ciudad en ciudad, de un barrio a una urbanización, de la playa a la ducha. Viajo para no moverme, para quedarme quieta en mi fortaleza de muros altos y espacios silenciosos, donde no entra nadie, ni tan siquiera a darme las buenas noches. Soy un pez atrapado en los compartimentos secretos de un galeón pirata y me entretengo con las joyas que le quitaron a la reina de una nación asiática y antigua.

—Ya se siente diciembre —me dice Yocasta cuando entro al Instituto con un abrigo ligero.

—Sí, m'hija ya las mañanas se están poniendo frescas.

—En Argentina, ahora ya comienza el verano, ¿verdad?

—Hablé anoche con mi madre y me dice que el calor en Buenos Aires se está poniendo insoportable.

—Pobre, calor aquí, calor allá.

—Pero nosotras pasamos la Navidad con mi hermana allá, y luego nos vamos al Sur.

—¿Allá es más frío?

—Sí, es la Patagonia. Volvemos a Viedma, mi pueblo, a pasar el fin de año con mis tías. Las hermanas de mi padre.

—Licenciada, hay un hombre de la Fiscalía que quiere hablarle —y me señala a un tipo de corbata desajustada y un saco que le queda grande, desarmado en una de las sillas de la sala de espera.

Me acerco, le digo buenos días, le extiendo la mano, sale de su letargo y me da la mano derecha. Imagino que es uno de los tantos ayudantes de fiscal del juzgado de protección al menor o el de violencia de género. Uno de esos abogaduchos que obtienen cualquier cargo gracias a alguna relación política y que, aunque no les dan golpes a sus esposas, siguen creyendo que una mujer que se acuesta en la primera cita es un cuero, y que, si lo hace contigo, lo hace con todos, y que, si después de una inversión considerable en picapollo y cerveza no te lo dio, o es frígida o evangélica, o tú no le gustas. Y piensa a la misma vez que se lo dice al pana: "Yo no voy a perder mi tiempo en una tipa que no esta en mí. En definitiva, las mujeres nunca sirven, son una vaina. Pero hay que defenderlas, porque tampoco es cuestión de andar entrándoles a golpes. Si joden mucho, se las deja".

—Licenciada María Alejandra Giraldo, ¿en qué puedo ayudarlo? —digo.

—Licenciado Rafael de los Santos.

—Vengo por el caso de la joven Indira.

Me sobresalto. Hasta donde yo sabía, Indira no era "un caso", era la testigo de un asesinato: el de su padre. Y eso mismo le explico al Licenciado. Él me dice que es así, ciertamente, y que él dijo "caso", pero que, en realidad, quería hablar de ella como testigo del crimen. Me alivio y le pido que pase al consultorio número uno. Ninguno está ocupado.

—Mire, usted sabe que este habría sido, lamentablemente, un caso más de ricos contra pobres y que, sin importar mucho quién sea el verdadero culpable, alguien, posiblemente el tío profugo de Indira, habría pagado con par de años en La Victoria o Najayo…

Afirmo con la cabeza y sigo escuchando, como quien lo hace con un paciente. No intervengo, esperando que el protagonista del monólogo encuentre su propia verdad.

—Pero a veces las cosas cobran un matiz diferente. Alguien, un miembro de la burguesía o cercano a las clases de poder, decide cambiar las cosas y quiere que se haga justicia.

—Sí, como con el ajusticiamiento de Trujillo. En última instancia, fue la oligarquía la que decidió cambiar las cosas y, con ayuda de los gringos, usaron a dos o tres individuos y dejaron vivos a los poderosos.

No sé muy bien por qué estoy haciendo esa acotación ideológica, pero, evidentemente causa muy buena impresión en el licenciado de los Santos.

—Veo que entiende de qué estamos hablando. Usted ya conoce bien este país…

—Son unos cuantos años.

—Ah, usted está aplatanada…

—Algo, pero la historia de nuestros países es casi la misma, detalles más, detalles menos. Cambia la cantidad de grupos de poder, pero todos terminan constituyéndose en mafias.

Seguimos deambulando un poco más por las sinuosidades de la sociología y la historia y, cuando ya nos hemos confirmado mutuamente como algo liberales y ex militantes de izquierda, el abogaducho me suelta la bomba.

—Yo creo que fue Indira la que mató a su padre.

—¿Qué? —digo yo absolutamente sorprendida—. Eso es una barbaridad. Ella está bloqueada y no recuerda quién fue. Me dijo que sabe quién no fue.

126

—Mire, es una especulación. Ahí estaban, el muerto, la madre, el tío, la abuela y la joven y ninguno, por diferentes circunstancias, va a decir la verdad.

—Pero, como profesional, le digo que ella está bloqueada de verdad, no es cuento.

—Es posible, yo no dudo de usted, pero también es muy probable que la abuela la mantenga como sugestionada con alguna brujería para que se abobe y no diga nada.

—Estamos mezclando el derecho con la religiosidad popular y la psicología.

—Excúseme, doña, pero en el Caribe está todo mezclado, ¿o no se dio cuenta?

El tipo me la deja caer sin piedad y mirándome con esa soberbia que solo da la verdad irrefutable de lo obvio. Y seguramente pensó: "¿Y esta rubita se cree que va a poner algún orden en todo esto?"

No sé para donde disparar. Estamos, él y yo, a punto de ser atrapados por las redes gigantes de un buque japonés que merodea sin permiso las aguas del océano Atlántico, a la altura de las islas Malvinas. Me mira, lo miro, le ofrezco un café, me paro, voy a la cocina, se lo traigo, y la red sigue ahí, y un cardumen inquieto tiene que evitar a toda costa ser atrapado, y en su intento por salvarse, se amontona, se entorpece, se vuelve una especie en extinción, y pronto llega a la lata, y de ahí al supermercado de un pueblo cualquiera donde no se habla español. Él y yo no nos salvamos, estamos enlatados, pegados uno al lado del otro, embadurnados por el mismo aceite de soya que nos vuelve resbaladizos, huidizos, tristes, solitarios y a punto de romper el silencio del encierro.

127

—¿Azúcar? —pregunto sin pensar siquiera en Celia Cruz.

—Sí, gracias —dice Rafael, pues a esas alturas ya estábamos comenzando a tratarnos por nuestros nombres de pila.

Revuelve varias veces el café. Se acomoda la corbata con mucha tranquilidad y bebe pacientemente con placer, con gusto. Se deja inundar el paladar con el sorbo de café y me mira por la rendija que se forma entre la taza y el horizonte de la pared pintada de verde-cuartel-de-policía. Yo me siento observada y recurro a mi visión de ojos azules para intimidarlo un poco y no lo logro. El tipo es un rebelde, juega a parecer una cosa y ser otra. Sostiene la mirada, me escruta, me analiza, me pone nerviosa.

—Bueno, de los Santos.

—Llámeme Rafael, María Alejandra, si no le molesta.

—No, no me molesta —digo casi con coquetería.

El tipo se da cuenta de que ha despertado cierto instinto, percibe el olor de las feromonas pero lo para ahí, no insiste. A pesar de su aspecto de clase media baja, seguramente hijo de alguna costurera de Villa Francisca y ahijado de algun tío que hizo dineritos en New York. Y, más que seguro, bebedor de romo para poder singar y padre de par de niñas a quienes les desrizan hasta las circunvalaciones del cerebro. El abogaducho tiene algo atractivo. O quizás, justamente, todo eso sea lo atractivo.

Siento la voz de Rosalba que se acerca por el pasillo y nos sorprende en plena escena de coquetería silenciosa. Como buena hembra, huele el perfume del deseo flotando en el aire e interrumpe con un:

—Perdón, ¿interrumpo, algo?

—No, Rosalba, por favor.

Los presento, le explico que ella es la otra psicóloga del centro, que Abreu es nuestro médico legista y que siempre hay alguna feminista de un país latinoamericano haciendo tesis sobre nuestras desgracias, digo, las de ellas, las nuestras, las de todos. Explico también que el Licenciado de los Santos es ayudante de la Fiscalía, que lleva el caso del hermano de Abreu y que estamos conversando sobre Indira. Se dan las respectivas manos y Rosalba nos deja a solas.

—Mire, no quisiera robarle más tiempo, pero necesito que venga al juzgado para que conversemos sobre el caso Abreu-Melo.

—¿Dónde están ustedes?

—En Ciudad Nueva.

—Yo salgo de viaje en quince días.

—Me gustaría que se dé una vueltita antes de irse.

—Trataré.

—Aunque el juicio se pospuso para febrero, es bueno ir amarrando este asunto desde ahora. Tenemos presiones de arriba...

—Excúseme la indiscreción, pero... ¿presiones para qué?

—Extrañamente, para que se haga justicia.

El hombrecito se pone de pie, me da su tarjeta, anota mi número de celular y nos despedimos con una mirada tierna y prometedora. Me quedo anonadada de mi propia conducta, de ese desenfreno insinuante. Pienso que la ausencia de marido me hace ver atractivo a cualquiera, y que estoy entrando en el terreno de la desesperación sin darme cuenta. Me siento, saco el expediente de Indira de un escritorio y comienzo a releer todas las anotaciones que hice después de ver *El diario de una geisha*. Todas las reacciones que manifestó su cuerpo: la incomodidad, primero con el aire acondicionado del cine, luego con el volumen tan alto. Lo más interesante fueron las observaciones que hizo sobre la muerte de los padres de la niña que luego se convertiría en geisha. La diferencia de edad entre ella y su amante, que en esa oportunidad coincidió con su amor. Noté cierta nostalgia por la figura paterna, cierta melancolía por aquello que se intuye y se extraña, aunque nunca se haya conocido.

El complejo de Edipo volvió a instalarse en este continente plagado de dictadores y machos que comienzan prometiendo protección y terminan buscando a una madre que les planche la camisa para seguir conquistando. Recordé sus palabras que al principio me sonaron ingenuas, pero que ahora me parecían de un enorme valor: "Yo, antes de volverme cuero fino, me hubiese ahorcado". "No digas eso", le expliqué, "que el instinto por la vida consiste en eso, en encontrar la esperanza en la posibilidad del amor, por más extraño que parezca, las formas del amor son infinitas y no tiene sentido resistir por orgullo. Siempre que haya amor, cualquier renuncia es válida. Lo que nos enferma es el odio, no el amor", le dije.

—Yo no sé, si amaba a mi padre, no lo pude conocer.

—Bueno, quizás estabas muy enojada con él por la forma en que trataba a tu mamá.

—¿Y cómo quiere que la tratara? Así como él lo hacía es como se trata a las mujeres de la calle...

—¿Y a ti te molesta que tu mamá haya sido la mujer de la calle de tu padre?

—¿Y qué otra cosa podía ser una pobre campesina del Sur, con los moños malos y las manos todas rotas de tanto fregar?

130

Indira siempre me dejaba sin posibilidades, sin esperanza. Era imposible traerla al mundo de la voluntad, del deseo. Ella nunca deseaba: aceptaba. Quizá por esta característica me resulta increíble que haya matado a su padre. Aunque, si las investigaciones estaban confirmando que no había sido el tío ni la madre, entonces, ¿quién mató al hermano cabrón de Abreu? Otra vez estoy empantanada entre la duda y la certeza. Es precisamente en momentos como este cuando quisiera ser un pez, pero no para hacer burbujas de amor, ni para pegar mi nariz a tu pecera, sino para huir y evitarme la desagradable sensación de vivir situaciones como esta, donde la razón no alcanza, el deseo es insuficiente y la voluntad no tiene qué hacer. Estaba haciendo con mi vida lo mismo que Indira: aceptaba.

—Y ese flirteo con el Ayudante del Fiscal estuvo fuerte... —entra diciendo Rosalba, más irreverente que nunca.

—Mira, muchacha, déjate de eso, que me acaba de decir algo que me dejó pasmada.

—¿Y qué fue lo que te dijo?

—Que parece que hay alguien de poder que quiere que de verdad se haga justicia y que el rumbo que están tomando las investigaciones es un poco complicado.

—No, me digas: Abreu mató a su propio hermano y por eso la mujer acaba de botarlo.

—No. Sospechan de Indira.

—Pero, a lo mejor por eso es que ella está en blanco...

—No sé. Además, creen que la abuela la tiene sugestionada con una brujería para que no recuerde nada.

—Mierda, esto es un verdadero thriller dominicano, solo falta que lo auspicie cerveza Presidente.

—Mira, ni jodas, es un verdadero lío, y yo estoy metida hasta las narices.

Nos callamos cuando sentimos que Abreu le da los buenos días a Yocasta y ella insiste en hacerle un masaje porque lo ve muy tenso. Nosotras nos miramos y pensamos lo mismo, pero cada una por separado: "En este país, hasta los talleres de la colectiva mujer y salud sirven para levantar".

IX

Abreu no acepta el masaje de Yocasta y entra como un trompo a mi consultorio que, por lo general, es el número uno. Rosalba le da un beso y yo me quedo atónita detrás del escritorio.

—¿Ya te enteraste de la noticia?

Abreu me habla directamente a mí. Elude a Rosalba, me mira directamente a los ojos. Siento una complicidad incómoda, como esa que se tiene con un marido. No sé que responderle, ni a cuál de todas las noticias se refiere, si a que la mujer lo dejó o a que quieren culpar a Indira de asesinato.

—Sí —digo, de manera ambigua.

Se desploma en la silla libre, se pone la cara entre las manos y mira por entre sus dedos el piso, un piso de losetas grises y aburidas. Rosalba le toca el hombro, él la aparta sutilmente y se para. Viene hacia mí, no puedo evitar abrazarlo con todo mi cuerpo. Presiono mis senos en su pecho y veo a Rosalba dejar el consultorio. El contacto físico traspasó esta vez el límite reglamentario de la psicología cognitiva, tanto en tiempo como en intensidad. Llora como un niño asustado pero con la firmeza de un hombre que se mantendrá en sus principios aunque le cueste el matrimonio y la cercanía con su hijo. En el fondo, sabe que hacer lo que se cree correcto es el mejor legado para los hijos.

Finalmente, el principio de realidad nos separa y dice:

—Estoy desesperado.

—Y muy vulnerable.

—María Alejandra, estoy perdido. No sé qué hacer.

—En la vida real, cuando no se sabe qué hacer, es mejor no hacer nada.

—Pero algo tengo que hacer: el tiempo existe.

No sé cómo llegar al tema principal. No sé si hablar de la mujer o del juicio, ni si sabe que sospechan de Indira. No sé quién es el poderoso que quiere que se haga justicia. Justo cuando estoy por intentar con el método socrático, él me dice:

—Cristina no era mujer para mí.

—¿Cuándo te diste cuenta?

—En realidad, siempre lo intuí, pero la quería desde el bachillerato, cumplía los requisitos.

—De hecho, con su actitud demuestra que no es tu mujer. Si lo fuese, te estaría apoyando.

—La costumbre es más fuerte que el amor.

—¿Y qué vas a hacer? ¿Te vas a vivir donde tus padres?

—No puedo. Tengo que buscar un apartamento para rentar.

134

—¿Por dónde? —digo, intentando trivializar la conversación.

—Cerca de Patología Forense.

—Está bien, la mayor parte del tiempo estás ahí.

Le cuento que el Ayudante del Fiscal que lleva el caso de su hermano vino a visitarme y me pidió que fuera para su oficina antes de salir de viaje. Le pregunto si sabe quién es el poderoso que quiere que se haga justicia y me responde que su mejor amigo de infancia es el Secretario de Salud y que fue él mismo quien tocó esa tecla. Y me explica que él no sabe quién mató a su hermano, pero que quiere que la verdad y los motivos de esa verdad salgan a la luz. Su familia está completamente en contra porque quieren cerrar el caso pronto y la verdad les tiene sin cuidado. Le digo que la verdad puede, a lo mejor, dolerle. Me contesta que ya lo sabe.

Estoy otra vez atrapada en la inmediatez de las circunstancias y no puedo liberarme del dolor de Abreu. Un dolor injusto que no comprende por qué, teniendo poder y siendo un hombre diferente, las cosas se le escapan de las manos. Y en medio de su dolor, aparece el mío. Porque yo también tengo un dolor enorme que no quiero compartir con nadie. Un dolor todo mío que me cubre el cuerpo de escamas pegajosas y verde podrido. A veces soy un pescado abandonado de varios días y huelo mal.

—Si quieres, podemos hablar de mí para distraernos...

Abreu no responde. Me mira, se queda absolutamente atónito, como si realmente yo hubiese logrado convertirme en pez. Lo veo mirándome y me inhibe. Es una mirada diferente: parece que estuviera descubriéndome un costado de ensoñación, la parte donde nado desaforadamente, desnuda y sin vergüenza. Bueno, me ve en mi deseo de pez y hasta ahora nadie lo ha visto con ropas. Pero hoy me siento fea: soy un pescado, no un pez. Quisiera decirle que por qué mejor no viene otro día en que me sienta ser medusa o sirena para que, tal vez, lo lleve conmigo al fondo del mar, donde los cabellos de Alfonsina y de Virginia se peinan con peines de nácar y broches de cristal. Pero no puedo decir nada: los pescados estamos muertos y mudos.

—¿Te quedan muchos pacientes? —dice Abreu rompiendo el silencio y resucitándome.

—Algunos. Hoy viene ese niño al que tienes que revisar.

—Acuérdame el caso por favor.

—El chiquito de cuatro años al que la vecina que lo cuidaba lo ponía a hacerle sexo oral.

—Ah, sí.

Silencio habitual. Qué decir de tanta atrocidad.

—Mira, cuando terminemos, te invito a almorzar —dice Abreu seguro de sí y ya menos abatido.

—Está bien. Aviso a mi casa —respondo como acostumbrada.

La mañana pasa entre madres desesperadas, padres negadores e hijos abusados. Entre legalidad, peritajes físicos y constancias psicológicas. Entre consejos e imposibilidad. Entre objetividad y desesperación. Por fin se hacen las dos de la tarde y Rosalba se despide. Yocasta espera a que salgamos Abreu y yo, y después cierra la puerta. Como siempre, la alcanzo hasta la parada de los carritos y, sin decir nada a nadie, sigo a la jeepeta de Abreu. Entra al parqueo de un restaurante japonés de la Lincoln y me pregunto cómo sabe que me gusta el sushi a pesar de que se hace con pescado crudo.

Nos desmontamos de nuestros respectivos carros y entramos. Una mesera nos acomoda y, en cuestión de segundos, quedamos mucho más cerca de lo reglamentario: las mesas son muy angostas.

Ordenamos unos rollos de sushi y una sopa cada uno. La comida es excelente. No hablamos del caso. Me pregunta por mi relación con Luis Miguel y le cuento casi la pura verdad.

—Es increíble como tú puedes ayudar a la gente y en cambio sigues viviendo como en el siglo pasado...

—Hasta doña Digna, mi suegra, actúa de acuerdo a lo que siente.

—Hasta yo, un macho dominicano. Y tú, una psicóloga argentina, en represión full. Parece mentira.

—Bueno, ya lo resolveré.

—Apúrate, que aun estás joven y bonita.

—Ahí sí te salió lo macho.

Nos reímos y, sin querer, se instaura la seducción. Ambos la controlamos y la transformamos en camaradería, ideología, crítica social, última película y política vernácula. Y ahí estamos: dos personas más y cada una con una noción diferente de la esperanza. Es entonces cuando la cosa se pone rara, y hay que separarse, y la angustia por la separación nos quiere llevar al sitio donde la madre nos expulsa y el padre nos insemina. El sexo no hubiese hecho otra cosa que calmar la ansiedad y agrandar el abismo que nos separa, porque, como bien dijo el poeta que encontró a su nieta: *es infinito el daño que un hombre y una mujer pueden hacerse entre sí.*

Salimos del restaurante y quedamos en que la semana próxima iremos juntos a la Fiscalía. Subo a mi carro, él a su jeepeta, y cada uno toma rutas diferentes. Abreu se internará en los laberintos de Patología Forense y buscará en los cadáveres de los accidentados las causas del deceso, en los asesinados el orificio de entrada del arma mortal y en los niños muertos algún pedacito de alma. Por mi parte, yo dormiré la siesta en mi casa; me levantaré con sentimientos de culpa y no tendré que recurrir a mi saber psicológico para entender la causa: un pez de agua dulce ahora desea zambullirse en el lago Enriquillo. ¡Qué atrevimiento!

X

Salgo de viaje. Parece que ya estamos en el aeropuerto. Me veo, o mejor dicho, veo a dos niñas encantadoras y a su madre —o sea, yo— en un avión, escuchando al comandante decirnos por los altavoces que nos agradece viajar por Copa Airlines, que en breves momentos aterrizaremos en el aeropuerto internacional de Ezeiza, que la temperatura local es de treinta grados centígrados, que no nos paremos ni nos desabrochemos el cinturón de seguridad antes de que se hayan apagado por completo los motores de la aeronave y que espera que disfrutemos nuestra estadía. Entonces, ya estoy frente a mi madre, la abuela de mis hijas, y nos abrazamos y nos decimos qué alegría estar de vuelta juntas, y que estas nenas están cada día más grandes. Y detrás de mi madre hay alguno de mis sobrinos con carita de timidez y ansioso de oír el acento caribeño, lleno de "tú", como en las novelas o en los programas del Disney Channel que todos ven a la misma hora, en cualquier lugar del mundo.

Estamos llegando y el corazón se me aprieta cada vez que, desde lo alto, veo la patria, una patria ya tan parecida a cualquier centro comercial, a cualquier suburbio de Latinoamérica, a cualquier museo de París, que ya no es tan la patria, sino una sucursal más de la civilización. Y se me oprime la tristeza en el pecho y los ojos sueltan dos lagrimones redondos, tibios, salados, y dentro nadan tres pescaditos transparentes que quisieran volver hacia adentro y no enterarse del regreso para no pensar en la vuelta. Tres pececitos despistados de tanto andar, que ya no saben muy bien qué es andar, qué es venir, qué es casa, qué es el extranjero.

Mis dos hijas y yo nos parecemos a esos tres pececitos transparentes que nadan en el agua de las lágrimas, y nos vamos a Buenos Aires en tres días, y ya estamos casi-casi, frente a las autoridades migratorias, mostrándoles la carta de autorización de Luis Miguel. Pero no, aun no estamos allí. Todavía estamos aquí, disfrutando de los primeros frescos navideños en Quisqueya, la bella. Comprando regalos, estudiando para los exámenes, dejando en orden los expedientes de los pacientes del Instituto para que no pase nada. Nadie resolverá ningún caso de abuso entre las dos últimas semanas de diciembre y la primera de enero. Nadie impedirá que algún tío le meta la mano en el panti a su sobrina de cuatro años, o que un hermano de alguien viole a la amiga de alguna. Nadie va impedir que eso suceda entre la Navidad, Año Nuevo y Reyes Magos. Todo esto seguirá sucediendo. La única diferencia es que no habrá fiscales, ni jueces, ni psicólogos, ni alguaciles, ni nadie que intente reglamentar. Las causas se acumularán en los destacamentos policiales y en nuestras conciencias.

Siempre hay alguna niña o niño o adolescente que entra en el comercio de la pornografía, perdiendo la posibilidad de tener conciencia, y con ella, voluntad. Siempre se están violando los derechos humanos, mientras brindamos con champagne o sidra, en la fantasía burguesa de la felicidad. Sí, es así y no hay nada que hacer, más que, por lo menos, tener la decencia de preferir seguir disfrutando la vida y no querer ser un jodido pez.

Pero antes de irnos, cuando la ilusión ya estaba en la puerta junto con las maletas y la mano moviéndose de un lado a otro, mientras Morena se volvía pequeña junto a la reja negra, y el perro le ladraba a la jeepeta que ya no dejaría de moverse, justo antes de esto, tuve que ir a la Fiscalía por lo del caso de Indira. Si bien ellos también estaban con un pie en el bonche, hay casos que ameritan más atención que otros.

—Usted ya sabe, doña, que hay órdenes de arriba de llegar hasta lo último.

—Mire De los Santos, ya le dije que necesito más tiempo con la niña para tratar de lograr que se desbloquee.

—Entiendo, pero ya pronto comienzan las vistas preliminares y usted bien sabe que el tío apareció y que, si bien lo hemos excarcelado, él y Mireya son los acusados.

—Mire, acá hay dos cosas, por un lado lo penal y por otro la salud psicológica de la niña.

Seguimos hablando en términos técnicos por espacio de quince minutos. Vino el juez encargado de la causa, con un apellido más original que el de él, alguno de esos terminado en "i" o, en o algo así. El juez era más blanco pero más bronceado, y no me dice nada nuevo, excepto que todo estaba siendo movido desde muy arriba. Y la conversación se torna vacua, absurda. Me inquieto y, cuando estoy por irme, ambos deciden invitarme a un almuerzo de fin de año con algunos miembros de los tribunales y cortes, y tratan de convencerme, porque, según ellos, es muy importante que conozca bien a la jueza que trabaja en abusos infantiles en el tribunal correspondiente. Y yo ya la conozco, pero igual acepto ir, porque me dio de pronto un inmenso placer sentirme asediada por dos hombres que se disputan de manera tácita los favores de la rubita. No es que tienen un plan establecido, pero especulan (por pura inercia, ya que son machos), que en el almuerzo habrá tragos y baile, y quién sabe, a lo mejor, alguno de ellos termine en algún motel de Haina o San Isidro, poniéndose un condón frente a una mujer que, no importa cuánto les guste, basta y sobra con que no sea la suya.

—Ok, los acompaño, es bueno conocer gente de otras profesiones que, de alguna manera, está en lo mismo que una.

—Sí, por supuesto, licenciada Giraldo, cualquier tipo de intercambio enriquece la labor —dice De los Santos, aparatoso y traumatizado.

El juez no dice nada. Se limita a acomodarse el rólex y el traje Armani. Yo, por mi parte, me arreglo la falda, cuando me paro, y sé que tengo cuatro ojos en mis pequeñas nalgas patagónicas que, por esa única tarde, serán disputadas por lo originales, no por sus cualidades intrínsecas. Sé, como psicóloga al fin, las conductas que se pueden esperar de ciertos tipos de personalidades, pero no me importa, estoy dispuesta a explorar ese extraño gustito que me dejó el almuerzo con Abreu.

Salimos y soy un tiburón con dos peces rémoras al lado, en un hermoso estado de comensalismo. Ambos quieren que deje mi carro en el parqueo del Palacio de Justicia. Ambos quieren llevarme, uno en un Audi del año y el otro en un Toyota del noventa. Yo, que hace años que vivo congelada en las profundidades oceánicas de un mal matrimonio, no acepto. Porque no soy pendeja, ni boluda. Ellos serán tígueres, pero yo puedo ser un caballito de mar y dejarlos preñados a ellos.

Los sigo y llegamos al Vesuvio del Malecón. Veo algunas caras conocidas y me dedico a comer, a beber, a bailar merengue y hasta salsa. Me divierto sin piedad, sin vergüenza.

—María Alejandra, usted baila como una dominicana —dice algún alguacil que conozco del Instituto.

El juez se atreve a sacarme a bailar una bachata, ya cuando los niveles de alcohol de la concurrencia son altos y corresponde que se pierdan las inhibiciones. No acepto, pero sí le consiento a De los Santos un perico ripiao, de puro jodona, de cabeza caliente, de comunista fuera de calendario. Lo hago porque las tres cervezas me revuelven la justicia social y quiero hacer un reparto equitativo de mi seducción, y porque, si a alguien le correspondía disfrutar de mis encantos no era al juez, que podría tener una rubia y extranjera en cualquier momento, en cualquier fin de semana en Casa de Campo o en cualquier seminario en el extrajero pagado con nuestros impuestos, sino a De los Santos, que tenía menos posibilidades. Lo de él siempre serían secretarias, estudiantes de la UASD sin modales y deseosas de picapollo. Así que estaba decidida a dejarlo que me sobara un chin.

Bailo y él está en la gloria porque todos lo miran, y yo hago un servicio a la clase media baja en ascenso, porque sabemos que la lucha de clases continúa, a pesar del fin de las ideologías. Cuando termina la pieza, me ofrece un trago. Le pido agua y le digo, tocándole sutilmente, la mano:

—No estoy acostumbrada a beber.

Me sonríe y me responde, rozándome la cintura:

—No se preocupe, acá hay un caballero que la puede escoltar.

Me siento mientras espero que me traiga el agua. Meto la mano en la cartera y busco el celular. Hay cuatro llamadas perdidas. Las cuatro son de Abreu. Salgo al parqueo y le devuelvo. Me atiende y me dice que está a punto de salir de Patología Forense y que quiere hablar conmigo. Le explico que estoy en una absurda fiesta del poder judicial de puro aburrimiento. Obvio la parte del coqueteo y de la repartición igualitaria del erotismo. Me dice que viene para acá caminado, y que dejará el carro en el parqueo del laboratorio. Le digo que sí (¿qué otra cosa voy a hacer? Tengo tres Presidente light en el cuerpo, la putería revolteada y la ansiedad por volver a la tierra de la niñez, y eso siempre atrapa del ombligo hacia abajo).

Entre mis mariposas estomacales, mi discreto escote de la camisa color mango y mi mirada intensa e interesada en la boca del juez, llega Abreu y me agarra del codo como si fuese alguien. Pienso: "Mierda, estos hombres son imposibles de creer. Ahora hay tres depredadores y yo soy la presa". Y vuelvo y pienso: "Pero no se pelean por mí, no. Se torean entre ellos. Habiendo tantas chicas lindas, jóvenes y dispuestas a dárselo con la excusa de la borrachera y con la esperanza de algún regalo, un apartamento y hasta quizás, por qué no, un matrimonio.... Si se pelean, no es por mí: es por ellos". Pero allá ellos, yo estaba disfrutando la embriaguez de ser deseada.

Finalmente me voy con Abreu, luego de cumplidos y promesas de volver a juntarnos para seguir dándole seguimiento al caso. Luego de deseos de buen viaje y salutaciones navideñas y etcétera, digo, mientras doy reversa:

—Estos hombres son increíbles, puedes creer, que el

ridículo de De los Santos me invitó a Boca Chica a comer pescado frito.

—Qué obvio.

—Y se le olvidó decirme que nos podíamos sacar la sal en algún motel de San Isidro.

—Como que tú sabes mucho...

Y sin pensarlo le dije:

—¿Y qué tú habrías dicho para no ser obvio?

—Que a veces creo que fui yo quien mató a mi hermano.

Parte tres

I

Estamos en casa de mi madre desde hace tres días y aun no lo puedo creer: Luis Miguel estaba en el aeropuerto con mi madre. Ahí parado, como un guardia, sin avisar, dispuesto a sorprendernos con su presencia. Y claro que me sorprenden su generosidad, sus atenciones, su interés por mi familia y sus menudencias. Habla con mi cuñado sobre la crianza de los niños, como si supiera. Entonces, después de tres días de intensa actividad familiar y algo similar al sexo, dice: "me voy". Las niñas no dicen nada: ya lo saben. Y yo, tampoco: me tiene harta, quiero que se vaya para poder disfrutar de mi pasado sin necesidad de fingir, sin su cariño al paso y lleno de una culpa que se está convirtiendo en perversión. Pienso: "Este tiene otra y es algo serio. Nadie viaja por tres días de Barcelona a Buenos Aires y a estar con una esposa a la que no soporta, con unas hijas que no son varones y con una familia política excesivamente cariñosa, sensible y medio izquierdista. Nadie hace ese esfuerzo y no se queda para Navidad". Por supuesto, los regalos que dejó fueron excesivos.

Mi madre se da cuenta de todo pero no dice nada. Cada familia tiene sus rarezas y sus asuntos inexplicables. Fui criada en la izquierda de los sesenta: nadie tiene que aguantar un matrimonio que lo hace infeliz. Pero algo me pasó o me sigue pasando que me obliga a seguir encarcelada. Un asunto extraño que, hasta para Abreu, que pertenece a otro entorno cultural e ideológico, ya a estas alturas, no se justifica. Yo lo entiendo, lo sé. Incluso puedo explicarlo simbólica, inconsciente, alternativamente y así siguiendo. Pero el enigma reside en la conducta, no en su causa o justificación. En la necesidad de estar presa para poder soñar con la libertad.

Ahora estoy acá, en una ciudad que tampoco es mía, pero que guarda el recuerdo de mi juventud universitaria. Una juventud de los ochenta, empujando para que la dictadura se derrumbara, militando en centros de estudiantes, guardando con orgullo el carnet del Partido Comunista entre las bufandas que la abuela Dora me tejía y me mandaba desde Viedma e íbamos con mi hermana a buscar a los depósitos del Ferrocarril General Roca. Acá estoy, pues, en Buenos Aires, inflamándome de pasado y engordando con factura, bizcochitos de grasa y sándwiches de miga. En esta ciudad contradictoriamente bella, con rincones de París, vistas de New York, ruidos napolitanos y suburbios nicaragüenses. En esta "puta ciudad", como dice Fito, que te lo da todo y te niega la alegría. Una ciudad de tango, café e interpretaciones psicoanalíticas, permanentemente agresivas. Acá estoy, mirando en el horizonte el perfil de un río gris y borrascoso, mientras almorzamos con toda la familia en la costanera. Luis Miguel aun no se había ido. Y siento pena por los peces rioplatenses: deben atragantarse de lodo y bandoneón.

Mi hermana rompe el silencio que se instaura después de que mi madre recuerda al viejo y se nos atraganta el flan con dulce de leche a la altura del píloro.

—Luis Miguel, ¿y por qué viniste por tan poco tiempo? Debieras quedarte para Noche Buena.

Él le responde alguna de esas frases armadas de hombre de negocios de Mérida y mi hermana insiste desde el desparpajo argentino y sin atenuantes:

—Mirá, no es por meterme en tu vida, pero no es muy bueno para las nenas verte así de manera tan intermitente. Además, no creo que en España haya mucho trabajo en Navidad y Año Nuevo.

Él vuelve a responder con alguna frase ya no tan hecha, que desprende cierto desprecio hacia la visión familiar y afectiva de la vida y remata con una crítica neoliberal a la forma de vida latinoamericana.

—Mira, en el primer mundo no pierden tanto tiempo en estas pendejadas. Cuando hay que trabajar para forjarse un futuro, no hay tanta mariconada. Para eso las niñas tienen a su mamá, mientras ella les da cariño, yo les aseguro una educación que no creo que ustedes puedan garantizarles a sus hijos.

Mi hermana insiste y a él se le revuelve el mejicano e, invocando a la autoridad de mi madre, nos sorprende:

—Doña Ana, dígale a su hija que se deje de chingaderas.

Mami se queda helada, mi hermana se calla y Lucía le dice al padre:

—Pero papi...

La miro intensamente y lleno el silencio con alguna de esas frases de respeto a la diversidad, como: "Todos tenemos familias diferentes". Luis Miguel me ensarta con el ojo derecho, mi mamá me brinda toda la ternura y la pena pasándome la mano por la cabeza y mi hermana se apiada de nosotras haciéndonos el favor de su silencio. Mis hijas se paran de la mesa y mis tres sobrinos las acompañan a unas hamacas que están afuera. Y mientras los cinco niños se mecen con esa noción envidiable de la felicidad como instantánea, los adultos nos enredamos con una copita de champán. Mi legítimo esposo quiere pagar la cuenta, no por generosidad, sino para humillarnos. Mi madre lo frena con la autoridad que tiene las madres y paga ella. Nuestro honor está a salvo, aunque solo sea por unas horas.

En casa de mi hermana hay suficiente espacio para todos. Mamá tiene una habitación para quedarse cada vez que viene del Sur y a nosotros cuatro nos ponen en el cuarto del varón. Salgo con Luis Miguel a escuchar tangos. Entramos a una confitería de Esmeralda y Corrientes. Me asfixio, siento todo el peso de la parte oligarca de la dictadura en las paredes, en los caireles, y me mareo. Le pido que nos vayamos. Insiste, quiere bailar.

—No sé —le digo.

—Ah, yo en Madrid tomé clases de danzas étnicas como merengue, tango, salsa y chachachá.

—Tú sabes que solo bailo merengue.

—Compláceme o voy a tener que bailar con otra.

—Haz lo que quieras.

Saca a bailar a una morocha pulposa y vuelve a la mesa, paga y nos vamos. Subo al auto rentado y, sin consultarme, comienza a manejar rumbo a los moteles de la Panamericana. Estoy como incrédula: quiero creer que me falla la intuición, no me atrevo ni a preguntar a dónde va. Y efectivamente, es allí donde me lleva. Soy su rehén, acaba de secuestrarme y muy posiblemente me viole. Parquea frente a la puerta de la habitación. Entra, no me dirige la palabra. Enciende el televisor y aparecen unas mujeres besándose. Sigo sin poder creerlo: definitivamente, está viendo una película pornográfica. Se sienta en la cama, se recuesta, se saca los pantalones, el calzoncillo y comienza a masturbarse, mientras yo estoy parada en la puerta con la cartera en la mano. No tengo abrigo: estamos en pleno verano.

—Ven, acércate. Mira lo que tengo que hacer para poder estar contigo. Ya ni me lo paras.

—Por mí no te molestes, puedo estar sin ti.

—¿Ya lograste que el Abreu ese te lo meta?

No le contesto. Se para, viene hacia mí en camisa y con el pene duro y apuntándome. Me agarra la cabeza con fuerza y me hala hacia abajo. Se me doblan las piernas, se me cae la cartera y estoy, en un abrir y cerrar de ojos, penetrada por la boca, inutilizada, sin posibilidad de emitir palabra, sin posibilidad de cerrar los ojos, porque los peces no tenemos párpados.

—A ti no te gusta esto, cada vez eres menos hembra. ¿Has considerado ser lesbiana?

Comienzo a responderle y se vuelve a recostar en la cama para terminar la tarea que había comenzado. Creo que cuando eyaculó le decía algo así como que no volviera a insistir con lo mismo. No me escuchó: los gemidos de la película y los de él fueron mucho más fuertes que mis razones. De los sentimientos, mejor ni hablar. ¿A quién le importaba, a esas alturas, volver a recordar los deseos suicidas de las poetas que se hundieron en las profundidades del mar o del río con la esperanza de transformarse en peces? Por más que, al llegar a casa de mi hermana, metí la cabeza en el fregadero del patio lleno de agua, no logré que me salieran branquias. Tampoco me atreví a ahogarme, y pienso en alguna de esas frases psicológicas que explican pero no alivian el dolor: "La perversión es la forma sexual que adquiere el odio".

II

Luis Miguel vuelve a desaparecer, se va Madrid. Y esa es la forma ideal de mi relación: el intermedio en el que se va y está por volver. Es perfecto, no ronda, no se lo padece y, para disfrutar de su ausencia, no hay que divorciarse, pelearse, cambiar la vida y todo lo que implicaría esa decisión. La perpetua promesa del regreso con un aura diferente, con un cambio genuino de actitud o, al menos, con la honestidad del abandono definitivo. Lo sé y no me atrevo a repetírmelo ni en voz baja: él nunca me va a dejar, soy su mujer y eso es inamovible, más allá de su desprecio, de sus amantes, de sus ausencias, de su odio. Pero mucho menos me atrevo a oírme a mí misma ni en pensamientos. Me resulta imposible articular mi incapacidad de acción. Vivo atrapada entre la comprensión, el deseo y un estado de congelamiento severo.

Mi madre y yo lo despedimos desde la puerta de la casa de mi hermana una madrugada. Vemos como un taxi negro con techo amarillo desaparece hacia la izquierda. Y nos miramos, respiramos aliviadas, entramos y nos sentamos en la sala. Antes de cruzar palabra, mi mamá se levanta y va a la cocina a calentar el agua para cebar unos mates. Vuelve con una bandeja repleta de lo necesario y me encuentra con la mirada perdida en un cuadro que le había regalado Casalla a mi viejo, allá por el año 74, cuando la efervescencia política no nos permitía ver que estábamos cercados.

—Me parece tan tierno, después de tanto tiempo, el cabo Savino.

—Es uno de los dibujos que mandaba Casalla a la revista El Tony. Antes se hacían grandes.

—Sí, me acuerdo de que papá las compraba y se llenaba de orgullo mostrándonos los episodios del cabo Savino. ¿Había otro que hiciera él?

—Sí, pero no me acuerdo bien.

—Pero el viejo se sentía de verdad orgulloso cuando salían los episodios a color...

—Sí, es verdad, compraba hasta tres ejemplares. Uno para la casa y dos para la sala de espera.

—Después del golpe, suspendieron los episodios y el editor le mandó una encomienda a Bariloche con los originales.

—¡Qué decente!

—Eran tiempos duros, pero había otra moral, otro sentido de la lealtad.

—Eran tiempos terribles mamá, yo era adolescente.

—Ah, nena, ¿te acuerdas?, vivíamos con el corazón en la boca, tu padre escondiéndose.

—Qué no daría por volver atrás. Nada se compara con el peligro de la acción.

156

—No te me pongas a llorar, nena.

—Qué buena mano tenía para el dibujo Casalla.

—Sí. Además, era baterista de jazz.

—Me acuerdo de que él, su hijo y el papi hacían unas improvisaciones interminables.

—Sí. ¿Te acordás de que los dejábamos en el altillo de la casa de ellos en Bariloche y las mujeres nos íbamos al comedor a tomar vino tinto?

—Mi hermana y yo tomábamos chocolate caliente.

Así seguimos recordando el glorioso pasado de arte y militancia política en la Patagonia. Reíamos y llorábamos de la emoción. De verdad, mis viejos se habían amado con respeto, ternura y devoción marxista.

—Bueno, María Alejandra, ¿qué está pasando con Luis Miguel?

—Ah, mami, no dañes este momento.

—Nena, veo que la estás pasando mal. Preferís recordar con melancolía la dictadura a hablar de tu matrimonio.

No dije nada. Me quedé seca, sin oxígeno, sin ánimo de responder. La vieja tenía razón. Añorar de verdad la dictadura como estado ideal de pasión, preferir eso a enfrentar el desastre de mi matrimonio o, más objetivamente, reconocer que me había casado con un maltratador, igualito a uno de esos a los que tenía que atender porque los referían desde el juzgado... Era mejor que me pusiera a llorar o me secaría para siempre. Necesitaba agua. Lloré sin parar por espacio de quince minutos, en brazos de mi madre, mientras la figura del cabo Savino, un paisano buena gente que se pasó del lado del malón y, una sola vez, se subió al mangrullo, se derretía con mis lágrimas saladas. Casalla usaba tinta china.

—Bueno, nena, ya, ya. Ahora que te desahogaste, ¿no querés contarme?

—No.

—¿Para ser psicóloga?

—No sigas, todo lo que digas es cierto y correcto. Ahora no quiero hablar.

Había amanecido, le propuse a mi mamá salir a caminar por Corrientes. Era domingo por la mañana y todas las librerías estarían abiertas. Me dijo que sí. ¿Qué otra cosa podía hacer la madre de una psicóloga negadora que vivía en el Caribe? Me di una ducha para humedecer mis escamas y salí a conquistar mi mundo con un solero blanco y sandalias rojas. Mi hermana vive en Villa Urquiza: tomamos un colectivo hasta Chacarita y luego el subte B, nos bajamos en Callao y caminamos hasta la 9 de Julio, miré el obelisco y no me dio nostalgia. Entramos en ese bar que está en Uruguay y Corrientes y pedimos café con crema. Hablamos de nada: de libros, teorías, política de acá y allá, de Kichner, Leonel, Bush, Evo Morales, Chávez, y así sucesivamente.

Entre frivolidades intelectuales y cuentos de hijos, nietos y sobrinos nos sorprende el mediodía. Suena el celular de mi madre y es Lucía. Me la pasa y le doy permiso para ir con los primos y los tíos a una piscina por San Isidro.

—La tarde es nuestra.

Le explico a la vieja que todos se van y que vuelven por la noche

—¿Qué hacemos? —pregunto un poco preocupada. Tanto tiempo de intimidad con mi madre me obligaría, en algún momento a confesarme.

—Vamos a almorzar y después me encantaría ver un show de tango solo para damas que hacen por San Telmo.

Me quedo en shock, hasta comer. Vamos bien: ver un show de tango suena un poco raro, pero se acepta. Pero eso de "solo para damas", me inquieta.

—Mami, explicate, porfa.

—Mirá comemos en Pipo, tomamos un taxi para San Telmo. Ya el calor se va a poner fuerte para caminar y nos sentamos en la placita de las antigüedades. Podemos tomarnos una cervecita y después, a eso de las seis, comienza un show de tango con unos tipos que están buenísimos. Son *strippers*.

—Ok —contesto. ¿De qué vale pedir explicaciones?

Seguimos el plan de mi madre a la perfección: tallarines con tuco y pesto; taxi; cervecita en la plaza Pedro Telmo y show de *strippers*. Estamos sentadas en una mesa con otras dos señoras de unos cincuenta. Los tipos están buenísimos. Mi mamá me pide un billete de veinte y se para a ponérselo en el slip de un morocho que se ve muy bien. El tipo le agarra la mano y se la pasa por los músculos del abdomen. Ella vuelve feliz a sentarse. Salimos y, antes de decir nada, mi mamá me invita a tomar una ginebra. Acepto. ¿Qué otra cosa podía hacer?

A la mitad de la segunda copita, me dice:

—No puedo creer que no vas a preguntarme nada.

—Mami, lo estoy procesando. Asumo que hiciste esto para sacudirme, para que te hablara de mis problemas con Luis Miguel.

—Ah, nena, cuánto te equivocas. Los hijos creen que ustedes son nuestro único centro de interés...

—Disculpame, vieja, no quise ser tan narcisista...

—No te preocupes, es normal. Tus hijas deben sentir igual, y la culpa es de nosotras, las madres.

—Tenés razón.

—María Alejandra, sos demasiado inteligente y demasiado informada pero, ¿sabés qué? Estás anestesiada, como embrujada. No puedo creer que soportes lo que soportas y ni tan siquiera lo comuniques.

—Mami, te dije que no quería hablar.

—Ok, no hables, pero al menos escuchame.

Acepto de mala gana escuchar pero, para mi sorpresa, mi madre no me da un sermón, ni habla de mí: habla de ella, de su juventud, de sus días con mi padre y de su gusto por los hombres más jóvenes. Habla de su viudez, de los engaños de papi, de la militancia y de su necesidad de sexo intenso. Se había dado cuenta de que, luego de la menopausia, necesitó acción en grande. En algún momento le pido que me ahorre detalles, pero, sin duda, la vieja no se priva de nada: diez años de viudez a puro galope...

—Mami, pero nunca te conocimos un novio.

—Es que nunca quise tener novio. Parece que no entendés, me dedico al sexo casual.

—¿Todavía?

—Tengo sesenta y cinco años, no estoy muerta.

No sé qué decir. No me atrevo a preguntar nada, temo cualquier respuesta.

—Nena, mirá que tu hermana no sabe nada. Ella es más rígida.

—No te preocupes, seré una tumba.

—Hay un bar que abre a eso de las diez. Se levanta bien. ¿Querés que vayamos?

—No sé, mami, si querés, te acompaño...

—Deberías. No hay duda de que estás necesitando un buen polvo.

Volvemos a casa de mi hermana. Son prácticamente las tres de la mañana. Me duermo cansada. Entre la humedad y la excitación navideña, Buenos Aires destila el recuerdo de algo que fue, de una alegría contagiosa que poblaba las esperanzas de los años sesenta y setenta. Un aroma lejano a patio de la abuela en Devoto cuando veníamos del Sur en el Fiat 1500, luego de casi dos mil kilómetros de polvo y paradas en Bahía Blanca a dormir en hoteles baratos de una noche. Algo queda en las baldosas de las veredas. Algo no mucho, entre las muescas amarillentas del piso que, con fervor, se baldeaba. Algo de un entusiasmo lejano y melancólico que el proceso, el dólar uno a uno de antes y la caída del muro no se pudieron tragar con esa voracidad imparable de la fuerza de la impunidad. Algo de ese aroma se me grabó en la nariz y me duermo. No sueño con mi madre dándole su celular a un señor de 45, ni poniéndole dinero a un *stripper* en el slip, ni con el pene de mi legítimo esposo. No sueño ni con el deseo de ser un pez...

III

Después de pasar el fin de año con mi hermana y su familia, decido irme a Viedma con mi madre y las nenas. Un par de días en la chacra nos harán bien a las tres. Ellas nadarán en el río mientras yo me siento a mirar la otra orilla, la de Carmen de Patagones, y sueño, como siempre, con cruzarla a nado. Jamás me atreví: la corriente del Río Negro es fuerte y no quiero ahogarme, nunca quise ahogarme, pero siempre deseé. Deseo tantas cosas, deseo liberarme de Luis Miguel sin conflicto, deseo que Abreu me llame, deseo tener una vejez como la de mi madre y mi suegra. Deseo tantas cosas que, de tanto desear, me quedo mirando la otra orilla y nunca llego, nunca cruzo...

El 2 de enero a las nueve de la noche nos subimos las cuatro al micro de La Puntual y, a la mañana siguiente, nos bajamos en Viedma. Simón, el cuidador de la chacra nos fue a buscar en la vieja camioneta amarilla del viejo. El *Yellow Submarine*, como le decíamos. Lucía y Ana están contentísimas: tenían por lo menos tres años sin visitar la casa de la abuela. Antes de llegar nos bajamos en el supermercado y compramos lo necesario para pasarnos una semana internas en el campo. Por supuesto que nos saluda la mitad de la gente que nos cruzamos...

—Doña Ana, ¿pasó las fiestas en la capital?

—Sí, Pichona, ¿y por acá, cómo anduvo todo?

—Tranquilo, como siempre.

La mujer me reconoce y me dice que se acuerda de mí cuando era pequeña y acompañaba a mi papá cuando ella iba al hospital y que tengo la misma carita y que las niñas son mi vivo retrato y que por qué no traje a mi marido y que ella conoce a la hija de otro doctor tan guapo como mi padre, un compañero de comunismo, un tal Volonteri que tiene a sus hijas también en alguna de esas islas del Caribe.

—Daniela y Mónica están en Cuba —le respondo.

—Claro —dice— seguro que trabajando para Fidel.

—Quizá.

Mi madre me salva y nos metemos en la camioneta. Cruzamos el pueblo, pasamos por Maroco, la disco, y doblamos a la derecha camino a la chacra. Los álamos están altísimos y siento una nostalgia inmensa, tan inmensa que no la puedo soportar. Estoy llorando como la tarde que dije que me iba a la capital a estudiar. Lloro igualito y pienso en Daniela y Mónica, que se atrevieron a honrar a su padre y a seguir la ideología, no como yo, que me casé con el primer charlatán con acento exótico y manos de galán de telenovela. Mis hijas me abrazan y mi madre no dice nada. Solo le indica a Simón que se ande con cuidado en el caminito de tierra que separa la casa de la carretera.

—No se preocupe, doña Ana, que este camino lo conozco mejor que usted.

164

—Lo sé, Simón, pero déjeme hacer mi trabajo de patrona.

Simón se da cuenta de que estoy llorando y cree que es por mi padre y no encuentra mejor consuelo que hacerme un cuento del viejo.

—Mire, María Alejandra, su papá tendría como unos dos años de muerto... ¿y no va y se me queda la camioneta camino a San Antonio? Me bajo y camino hasta un rancho para ver si alguien me podía dar una mano. Encuentro un paisano viejo y me pregunta que quién soy y le digo que trabajo para su mamá... ¿y no va y me dice: "Sí, el doctor Giraldo. Yo soy comunista como él"? Cuando resuelvo el problema, llego y le cuento a su mamá del paisano y le digo que, camino a San Antonio, queda un comunista como yo y el doctor. Su madre se ríe y me explica algo de un muro en uno de esos países de Europa.

No le digo nada, me sonrío y me seco las lágrimas. Parece que el comunismo de mi padre me estaba persiguiendo esa tarde. No solo había elegido un marido hijo de puta, además había traicionado los ideales de mi padre. Mierda, culpable y traidora, ni Judas me ganaba. Ya no lloro. ¿Para qué? Nos bajamos; entramos por la puerta del frente y llega Francisca a recibirnos con su carita como la de Ceferino en las estampitas y el pelo largo, lacio, pesado y negro. La abrazo, mi mamá le dice algo y ella le contesta en mapuche.

El comedor está igualito, el piso con motivos geométricos en blanco y negro huele a kerosén: acababan de pasarle el lampazo. El piano del papi estaba en el lugar de siempre y la mesa que había hecho mi bisabuelo ebanista no se había corrido de su sitio. Nos acomodamos de una vez y en la habitación que fue mía. Francisca se lleva a las niñas a juntar manzanas y peras para el postre. Mi mamá y yo nos vamos a tomar mate a la cocina de verano, donde se siente el olor a pluma de gallina quemada. Sin duda, el almuerzo ya estaba planeado.

—Ah, m'hija, no hay nada como la casa —exclama la vieja cuando saca del fuego su pava tiznada.

Se sienta y, mientras ella ceba mate, me distraigo mirando la cocina de leña que se conserva igualita: negra, sólida, con sus patas torneadas y elegantes. Me distraigo más: me pierdo por la ventana y alcanzo a ver el borde del tanque australiano y le pregunto a mi madre si van a poder bañarse las nenas o si está sucio.

—Creo que no ha habido mucho viento y tiene poca agua, hay que preguntarle a Simón.

Seguimos tomando mate y llegan las nenas llenas de manzanas, peras, tomates y berenjenas. Nos aturden y Francisca se las lleva otra vez hasta el río. Vuelven y almorzamos, tal cual lo pronostiqué, un puchero de gallina. La tarde se pone caliente y todas dormimos la siesta. A eso de las cuatro, subimos al techo de la casa y vemos la planicie patagónica surcada por un río que está bien cerca del mar. Les cuento a mis hijas de mi infancia y de su abuelo, a quien no conocieron. Abajo suena el piano. Me sorprendo: mi madre no sabe tocar.

Entramos al comedor y encuentro, si no me equivoco, a Diego Argañaraz sentado en el piano de mi padre tocando La internacional. "Esto es demasiado", pienso, y se acrecientan mis deseos de ser pez, de cruzar a la otra orilla, a la de Carmen de Patagones y salir empapada y caminar hacia la catedral histórica de los valerosos maragatos y arrodillarme, a pesar del comunismo familiar, a rogarle a Dios que me convierta en pez. A cambio le daría cualquier cosa, lo que me pidiera, incluso mi alma...

166

Me siento empapada, lejana, confusa, soy yo pero no estoy aquí, estoy en algún lugar de Santo Domingo escribiendo un e-mail a mi mejor amiga de la universidad y le cuento que hoy me acordé de Diego buscándome a la salida del colegio con su Taurus gris. Pero sí, estoy ahí, con una hija en cada mano. Dos bellas niñas producto de un amor tan absurdo como un bolero en las fiestas del 9 de julio en Viedma. Tengo que saludarlo cuando deje de tocar el piano. Pero él es tan gentil que se detiene, se para, me mira y me abraza. Yo, como una quinceañera en celo, me pongo colorada y me paralizo.

—Diego —digo— estas son Ana y Lucía, mis dos hijas.

—Preciosas, como su mamá.

No sé cómo sucede, pero estoy sola con él en la galería, mientras el día se va por detrás de los cipreses. Las nenas suenan en el baño con la abuela y Francisca, bajo el agua tibia del calentador a alcohol, y las hamacas se mueven al unísono. No sé de qué hablamos, ni por qué está ahí. Todos se van a dormir y, cuando lo acompaño hasta el auto para despedirlo, me besa. Quince minutos después estoy camino al río con una linterna en la mano, casi dispuesta a cruzar a la otra orilla. Me separan del deseo quinientos metros. Como siempre, no me atrevo.

IV

Vuelvo a la casa picada de mosquitos y me acuesto a dormir con mi hija menor. Rápidamente, me atrapa el sueño y, a las cinco de la mañana, me despierta el gallo. Me levanto, voy a la cocina, preparo unos mates y espero a que salga el sol para pedirle a Simón que me lleve al pueblo para chequear mi e-mail. Entro en el ciber café y leo los mensajes de Rosalba, abro las tarjetas navideñas de los amigos diseminados por el mundo y le contesto a Abreu un mensaje de desesperación emocional. El caso del hermano está parado, en diciembre no pasa nada. Ahí, en esa computadora, en mi pueblo natal, en el inicio de la Patagonia, en la costa del fin del mundo, me parecen tan lejano el Caribe, Santo Domingo, Pantoja, la montadera, el Instituto y las mujeres asesinadas. Pero sé que todo eso es mío, desde el marido mejicano hasta Morena, la nana de mis hijas. Todo es mío: la internacionalización, y no de la revolución, se apoderó de mi vida.

El Messenger me avisa que Luis Miguel se acaba de conectar pero no lo saludo. Tampoco me quiero desconectar para no ofenderlo. Finalmente, él me saluda. Me pregunta por sus hijas y le respondo, lacónica, en plan madre profesional. Rápidamente, salimos mutuamente el uno de la otra. Está en Barcelona. Allí deben ser como las tres o las cuatro de la tarde y hace frío. En Viedma son las nueve de la mañana y es verano. Me pasan una taza de café con leche con cuatro medialunas. Simón está en el banco haciéndole unos trámites a mi mamá. Pienso en ella y la veo tan diferente, acá de patrona y en la capital en el bar de *strippers*. La cabeza se me va a México D.F. y le mando un e-mail a Digna.

Salgo del ciber café, cruzo la calle y entro al Banco Provincia a buscar a Simón. A primera vista, no lo veo y, cuando estoy por salir, me encuentro frente a frente con Diego, el mismo que la tarde anterior tocaba La internacional en el piano de mi padre. ¿Qué puedo hacer? Nada: reírme. Él opta por reírse también. Entonces, todos nos reímos, hasta la empleada que me dice que Simón estaba firmando algo donde la gerente y que se acordaba de mi papá y que él había atendido a su madre cuando ella nació y que también había atendido su parto de mellizos, y que ahora estaban enormes y que uno se llamaba Alfredo, como mi papá, y el otro Rómulo, como su esposo.

— Qué bien, cuánto me alegro de saludarla —digo.

—Déle recuerdos a su madre.

—Gracias.

Y así hasta finalizar el rito pueblerino de los recuerdos, los cariños y las añoranzas.

—Pueblo, chico... —digo.

—...infierno grande —completa Diego.

Simón viene del fondo con papeles en la mano y me dice:

—María Alejandra, ya terminé. Cuando usted disponga...

170

El silencio se posa en los labios de todos. Nos miramos y, contrariamente a lo que estaba supuesto a suceder, me atrevo y digo:

—Vuelva a la chacra, Simón. Yo me voy con Diego a Patagones. Quiero entrar a la iglesia.

Simón se va sin decir palabra y Diego Argañaraz me mira desde el fondo de sus ojos negros y criollos con toda la malicia y ternura que tiene un hombre que la noche anterior te besó en la galería de tu casa y, muchos años atrás, te metía la mano por debajo de la falda del uniforme del colegio secundario.

—¿De verdad querés entrar a la catedral?

—No sé.

—Yo pasaría de la iglesia y subiría al cerro La Caballada para ver las dos ciudades desde otra perspectiva.

—Como quieras.

Nos montamos en la camioneta de su padre y, sin mediar palabra, me pone la mano derecha en mi muslo izquierdo. Estoy excitada. Le paso con suavidad las uñas de mi mano izquierda por la nuca. Lleva el cabello corto. No tiene mucha barriga. La camisa blanca con rayas celestes y el jean le combinan a la perfección con sus mocasines color suela. Tiene el porte de la oligarquía ganadera: su familia era de Salta y, en los setenta, se mudaron al Sur para dedicarse a la producción de tomates. Nuestros padres eran enemigos personales, pero Diego tomaba clases de música con mi abuela. Así nos conocimos, una tarde de mayo. Él sentado al piano y yo con mis libros de Matemáticas y Trigonometría en los brazos.

Su mano pasa del muslo a mis pechos en la mitad del puente viejo y la mía de su cabeza a su pecho levemente poblado de vellos negros y suaves. Nadie dice nada y me resuena la voz del viejo:

—Ese muchacho es hijo de la oligarquía terrateniente.

Y mi mamá me decía por lo bajo:

—Pero es tan buen mozo...

Nadie preguntó nada: ya nos lo habíamos dicho todo la anterior. Su mujer en Mendoza con sus hijos y mi marido en Barcelona quién sabe con quién. Seguimos sin decir nada y, en la cima del cerro, nos estacionamos y comenzamos a besarnos desesperadamente, sin decoro ni decencia. Nos sacó del embeleco erótico un micro de turistas y decidimos irnos camino a la Boca, donde hacía unos años habían puesto un hotel por horas.

Volvimos a cruzar el puente para el lado de Viedma. La torre de la catedral de Patagones quedó atrás, pero, antes de adentrarnos en las garras de la infidelidad, le pido que pasemos por la vieja estación de trenes. Subimos a los vagones olvidados y nos tocamos con ansias y, sin mucho pensarlo, le bajo el cierre del pantalón, me arrodillo, pongo mis labios frente a su pene erecto y procedo a chupárselo con un gusto del carajo hasta que la boca se me llena de un sabor dulce, amargo, cremoso y angelical. Él suspira y me sube con ternura hasta su boca y me abraza. Me siento salvada, pero no por Diego: salvada por mí misma, por mi propio deseo.

Salimos de la estación y llegamos al hotel donde terminamos la faena comenzada. Tres condones adornan el piso cercano a los pies de la cama. Las cuatro de la tarde daban hambre y Diego anda por mi entrepierna cuando tuve mi orgasmo número mil. Lo retiro suavemente agarrándole la cabeza y le digo:

—Tengo hambre.

—Yo también.

Nos bañamos, nos vestimos, comemos rabas en un restaurante de La Boca, tomamos cerveza Quilmes y, de postre, nos engullimos un flan con dulce de leche. No nos hacemos muchas preguntas, menos aun promesas. A eso de las seis regresamos al pueblo y, a las seis y media, estamos entrando a la chacra. Le pido que se detenga en el mismo lugar que se detenía cuando éramos adolescentes y nos besamos: ya teníamos los labios casi anestesiados. En la casa no hay nadie, solo una nota de mi mamá que dice que se fueron de excursión a San Antonio y vuelven en tres días. No sé si enojarme o agradecérselo.

—No dejaron ni a Francisca, mi vieja es una tigra —digo en caribeño puro.

Diego me mira y calla.

—Prestame tu celular, por favor —le digo.

Diego me lo pasa y llamo a mi mamá. Atiende. Hablo con las nenas. Estamos todos de vacaciones, y sobre todo yo, que ahora descanso de mí misma por tres días y no quiero ser un pez ni de relajo. Seguimos sobre la tierra más concreta que haya existido jamás, la de la Patagonia, dándonos gusto, traspasándonos con las lenguas, penetrándonos los sentidos, sacudiéndonos y haciendo temblar las copas de los cipreses que mi viejo plantó al costado del caminito que va al río. Y los cipreses solo tiemblan en invierno...

V

Diego se va a Mendoza. Nadie llora, nadie se promete, nadie se imagina. El cuerpo está tan exhausto que no hay posibilidad de llenarlo de futuro. La sensación es novedosa: es como estrenar una vida nueva, una vida que no debería negociar con la incomodidad, ni con el maltrato, ni con la ausencia de buen sexo. "En fin, un génesis", pienso como psicóloga argentina. Al fin, un génesis en la tierra natal con el primer amor. "Bueno, ahora es cuestión de accionar lo simbólico con lo real y dejarse de soñar con pececitos de colores".

Mi madre, las nenas y Francisca vuelven repletas de arena y algas en el pelo. Huelen a mejillones con ajo y perejil. Simón, sensato como siempre, no huele a nada, mantiene su porte de mapuche buena gente y enamorado secretamente de la viuda del doctor.

—¿Qué tal si cenamos una sopita de arroz? —pregunta Francisca con entusiasmo.

175

—Sí —contestan las nenas a dúo.

—Pero los granos enteritos, mirá que estas son dominicanas, no cocines el arroz como le gustaba a mi viejo —le advierto.

Mi madre me invita a sentarnos en la galería, busco un poncho: para mí está frío. Ella se sonríe.

—¿Cómo la pasaste?

—Bien, acá, leyendo los libros del viejo.

—María Alejandra, a la madre no se le miente.

Me río a carcajada limpia, con unas ganas pretéritas, con una risa acumulada. Me río tanto que hasta me siento feliz. Nos ponemos de pie. Mamá me abraza, se me cae el poncho y me bajo a levantarlo. Cuando me voy, nos miramos a los ojos fijamente y me dice:

—Confiesa.

—¿Todo o una parte?

—Las confesiones, para ser confesiones, deben ser completas.

—Ok, te hice caso y me eché varios buenos polvos.

—Perfecto, pero ¿no se hicieron nada de promesas? Mirá que la idea no es sufrir sino pasarla bien.

—No, mamina, no te preocupes.

—*It was just sex, good memories to live.*

—No me hablés en gringo.

Después de la traducción y las palmaditas de aprobación, entramos a la casa a tomar la sopa de arroz con las nenas. Ana y Lucía están coloraditas por el sol, tienen la sal sureña en la piel y la felicidad de la primera vez. En cambio, yo tengo la piel brillante y la felicidad de saber

176

que no me lo perdí. Cuando le doy la última cucharada a la sopa, pienso: "Ahora sí, que se joda todo. ¿Cuál puede ser el peor escenario?" Estoy demasiado optimista y, de verdad, el peor escenario no era el que me imaginaba: dejar a Luis Miguel y volver con mi vieja a Viedma. No, ese no era el peor. Como señora burguesa al fin, no tenía idea de qué era lo peor...

Francisca baña a las nenas, las acuesto, les leo un cuento, se duermen antes de que la Cenicienta le dijera al príncipe que prefería terminar su maestría en Harvard y después pensarían en boda. Las arropo, les beso las frentes: están calientes y les paso la mano por la espalda. Las quiero y son mías, por ahora. Cuando estoy por salir de la habitación para la sala, suena el celular de mi mamá. Era Diego, me lo pasa.

—Estoy casi llegando a Mendoza y antes de entrar en la realidad quería decirte que la próxima vez que vengas de visita y quieras portarte mal, me avisas.

—Lo tendré en cuenta.

—Estás hermosa, estás igualita que a los veinte.

—Gracias.

—Chau, un beso.

—Otro.

Mientras le devuelvo el teléfono, mi mamá no se ahorra el comentario:

—Un caballero.

—Siempre lo fue.

—Sabes que hay hombres que no llaman después del sexo, por temor a que las mujeres piensen que se lo tomaron en serio. Los muy boludos, todavía creen que los queremos casar con s y z.

—No sé mucho del mundo del sexo fuera de una relación estable. Pero ahora, lo que menos quiero es cazar o casar hombres. Más bien, tengo que ver cómo me saco de encima el que tengo.

—Bueno, hijita, eso te toca a ti solita. Después que tomes las decisiones, podés contar conmigo y con doña Digna.

—¿Con doña Digna?

—Sí, tu suegra y yo nos comunicamos por e-mail y no ve la hora de que te deshagas de su hijo.

—Bueno, no dañemos esto de estar aquí y ahora, buscate el Navarro Correa, que yo busco las copas.

Recorro la distancia que me separa del mueble de roble con la cristalería y recupero la sensación infantil de tener cuidado. Giro la llavecita y abro las puertas de vidrio. Huelo el aroma de lo guardado, de las voces que se quedaron en el fondo de las copas, de las risas que se enredaron en los tenedores, de las tristezas que se reflejaron en la parte de atrás de las cucharas de sopa y de la excitación que se recostó inquieta en los platitos de postre. Agarro dos copas de vino, las que le gustaban a mi papá. Cierro las puertas. Debajo duermen los cajones con manteles de hilo y servilletas bordadas.

Cuando apoyo las copas en la mesa, mi madre acaba de descorchar uno de los mejores vinos del mundo. Lo sirve con cuidado, brindamos y, sin darnos cuenta, nos acabamos la botella antes de la media noche. Los sapos y los grillos funcionan de banda sonora, mi vista se posa en la imagen del Che que cuelga de la pared más grande

178

de la sala. Después miro a cada uno de los Beatles que se reparten la pared lateral.

—Se criaron en el fin del Continente y del mundo, entre la trasgresión pop y la revolución permanente.

—Después, me fui a Nueva York y me puse a parirle a un cabrón mexicano que ni es pop, ni es revolucionario.

—Es normal. Debías ser obediente y transgredirnos.

—Se me fue la mano.

—No, simplemente, ahora te toca seguir siendo obediente.

—¿Cómo?

—Seguir trasgrediendo. Eso es de verdad ser la hija del doctor Giraldo.

—Pero también soy tu hija.

—En ese aspecto, también soy hija de tu padre: él me enseñó a transgredir. No siempre lo benefició.

—Bueno, eso pasa cuando se enseña a pescar. Llega el día que de verdad no te necesitan y hasta te olvidan...

—Yo jamás he olvidado a tu padre. Lo recuerdo cada día de mi vida. Lo amé de verdad, aunque no conocí el buen sexo con él.

—Mamina, no siempre se unen sexo y amor.

—Pero tampoco es cuestión de soportar mal sexo y desamor. ¿Cuál es el chiste?

—Castigarse o tener una excusa para vivir en el ensueño.

—¿En cuál ensueño?

—Bueno, vieja, vamos a dormir, el vinito me dio sueño.

Le doy un beso, me voy hacia la oscuridad del pasillo y no le contesto: es una madre moderna y comprensiva, pero confesarle que quería ser un pez no me parecía apropiado para terminar tres días de sexo y rock and roll ininterrumpido.

VI

Aunque parezca que la Patagonia no tiene límites, los tiene. Su espacio y su tiempo no son infinitos. La tierra se acaba y las noches encuentran el amanecer, siempre. Con todo el dolor de mi alma, nos subimos al micro y volvemos a Buenos Aires para tomar el avión a Santo Domingo. Mamá se ponía pequeña a medida que nos alejábamos. Lloré y las niñas me consolaron. No quería irme y debí de hacerle caso a mi deseo: quedarme y patear el tablero y que se jodiera todo. Pero no, volví. Volví a mi otra vida real, a la de esposa abusada, psicóloga de abusadas, amiga de abusado y así sucesivamente. Volví a querer ser un pez con branquias enormes y filtros cutáneos de sales marinas y ojos sin párpados y sueño sin dormir y cansancio pesado de rémora que jamás alcanzará al tiburón. Volví al parasitismo, a la simbiosis, a dejarme drenar. Volví al ecosistema donde casi todos son depredadores y los productores primarios se olvidaron de cómo se hacía la fotosíntesis. Volvimos en primera clase: Luis Miguel nos había

181

cambiado la reserva por internet y nos enteramos al llegar al aeropuerto.

En Buenos Aires estuvimos solo dos días: las niñas jugaron con sus primos, mi hermana y yo fuimos de compras y profundizamos en tamaños de zapatos, camisetas, vestidos, brasieres para mí y corpiños para ella. Hacía calor y casi no había gente en los vagones del subterráneo. Estaba más neutra que triste y ejecuté mi papel de madre, hermana y cuñada. No recordé a Diego, ni a Abreu, ni a nadie. Transitaba por una ciudad áspera, húmeda y con mosquitos nocturnos.

La escala en Panamá fue, como siempre, lamentable: absurda, aburrida y plagada de electrónicos perfumados a precio de oportunidad. Mierda, qué país que casi no es un país, como dice Abreu: es sin duda una estación de transfer del continente. Y sin duda, uno se da cuenta de que somos más iguales de lo que quisiéramos, que hasta los argentinos bronceados que vienen de Cancún tienen un tono de criollo de barrio. Y aun más, se distinguen las clases sociales a pesar de los acentos de las combinaciones étnicas. En Panamá, recuerdo a Bogotá, Buenos Aires, México D.F. Sin duda, la ropa deportiva es el atuendo obligado de la clase baja, no necesariamente obrera, por múltiples razones, desde las económicas hasta las míticas: salvar a la familia y alcanzar la gloria como goleador o pelotero. También me río de la clasificación de una compañera colombiana que dice: "En Latinoamérica hay tres razas: la costeña, la andina y la narcisista".

—Mami, ¿podemos ir a los juegos? —me pregunta Ana.

—Sí, vamos.

Me siento a mirarlas: aun faltan dos horas para nuestro vuelo. Encuentro un periódico y leo unas declaraciones de Chávez en las que afirma categóricamente que la oligarquía colombiana mató a Bolívar y me río. Nuestras oligarquías mataron a Bolívar, a San Martín, a Duarte, a Máximo Gómez y a todo padre de la patria que se merezca tal nombre. La oligarquía latinoamericana, como decía mi padre, es un comején que corroe, que hace surcos invisibles por la médula y, sin duda, debemos rellenarlos con nuestra sangre mulata, mestiza y rebelde.

—Mierda, se cayó Lucía.

—Hija, ¿estás bien?

—Sí —contesta tragándose las lágrimas y la vergüenza.

—Bueno, vamos a tomar un refresco.

En la única cafetería del aeropuerto, nos encontramos con una vecina que viene de Lima y nos cuenta de las maravillas del churrigueresco, del puente la alameda, de esto y lo otro. La escucho. Nos pregunta y le digo: "Buenos Aires, Patagonia, familia". Insiste con la pregunta infaltable: "¿Y el marido?" Estuve a punto de decir: "Bien, gracias", pero respondí correctamente y me gané un ticket para seguir participando.

Antes de abordar, llamo a la casa para confirmar que llegamos a las once de la noche y asegurarme de que el chofer vaya a buscarnos, y casi me muero de espanto cuando me dicen que Luis Miguel está en Santo Domingo, que viene personalmente a recogernos, que en ese momento no está, pero que no me preocupe, doña María Alejandra, que acá la estamos esperando como siempre, con el pollo horneado que tanto les gusta a las niñas, y que sí, sí, que nos vemos ahorita, y que la brisa de diciembre aun sopla.

—Chicas, su papá está en Santo Domingo y viene a buscarnos.

—Ok —dicen casi a coro.

—No le compramos nada —recuerda Ana.

Vamos a uno de los tantos puestos de expendio de perfumes y compramos un Paco Rabane que cargo a su tarjeta, y que pasará a completar la enorme colección de cosas que no se usan porque tenemos demasiadas de las mismas. Pero nada, toca el rito del regalo del que llega de viaje. Lo mejor hubiese sido comprarle una botella de tequila, abrirla, tomarme un trago y luego ponerle el moño rojo de regalo obligatorio.

Finalmente llegamos a un destino que no me gusta, que me atormenta y que no me pertenece, como todo destino. Aterrizaje, migraciones, maletas, niñas que salen corriendo a padre que las abraza; madre que camina despacio tratando de evitar el encuentro, el roce.

—Hola, María Alejandra, ¿dónde está mi abrazo?

—Se me quedó en la habitación del motel —contesto con un odio que desconozco.

Seguimos caminando y me pasa la mano por los hombros. Las niñas caminan adelante.

—¡Qué rebelde que volviste, cabra patagónica!

Lo único que atino a hacer es lo siguiente: me detengo y le digo en el oído derecho:

—¡Viva México, cabrones!

Se ríe con sinceridad, con profunda y absoluta sinceridad. Y yo también me río. Le digo otra vez al oído que ni piense que se lo voy a mamar. Se sigue riendo y me responde poniéndome la mano en la nalga. "Hijo de puta", pienso.

Dentro del carro, el espacio se llena de las voces de las nenas contándole al padre sus aventuras en la chacra, en

184

la playa, en los parques de Buenos Aires y, así como quien no quiere la cosa, Luis Miguel deduce que me pasé tres días sola en casa de mi madre. A la altura de la escultura de Johnny Bonnelly, Ana y Lucía se durmieron.

—¿Qué hiciste mientras estaban en la playa?

—Descansé.

—¿Sola?

—No, me busqué un amante.

—No mames, ¿tú un amante?

—No, ya te dije, que no mamo más.

—No seas pendeja.

—De verdad, me busqué un amante.

—¿Una mujer?

—Si, güey, una compañera de bachillerato.

—¿Tiraste fotos?

—No.

—¡Qué pena!

—Y vos, ¿qué hiciste en Barcelona?

—Resolver asuntos de la empresa.

—¿Encontraste el sicario adecuado para mandar a matar a tu madre?

—No, encontré un socio para que comprara su parte.

—Bien.

—Estás irónica, me gusta, me recuerda a la joven de izquierdas que conocí en los ochenta. Aunque ahora te ves mejor, hay más carne.

—Tú no me recuerdas a nadie, ni a ti mismo.

—Sí, engordé demasiado. Te prometo ponerme a dieta y en el gimnasio.

—Sí, huye, a ver si Adelita se te va con otro.

Así, seguimos en el interminable diálogo del odio hasta llegar a la casa donde nos espera Morena, el perro y la bañera repleta de burbujas, pero no de amor.

Parte cuatro

I

Pasaron dos semanas y todo sigue igual. Nada ha cambiado, fui, vine, toqué la tierra que me vio nacer, estuve con mi madre, fui una esposa infiel, fui una esposa humillada, fui, vine y nada. Cada viaje me llena de ilusiones, me aligera el presente con la fantasía de huir, de dejarlo todo y desaparecer sin dejar rastros ni huellas. En el mar no se hacen cicatrices. ¿Quién pudiera tener un alma como el mar, quién pudiera ser un pez para no dejar marcas, para no dejar recuerdos, para poder evaporarse de la vida de los otros sin culpa, sin remordimientos, sin ninguna responsabilidad? ¿Quién pudiera construir lazos fuertes como los de los esposos y con la prescindencia y la pasión de los amantes furtivos? Pero no puedo. Volví: todo estaba en el mismo sitio o peor. Indira, amnésica; Abreu, deprimido; Luis Miguel, insoportable; yo, acostumbrada; Yocasta, simpática; Morena, buena gente y el Ayudante del Fiscal, con su anillo de graduado de la UASD en la mano derecha.

Aunque un mal día pasa algo y la vida se vira, se destrozan las ilusiones y crece el desconcierto, el cielo se abre y el cosmos enormemente negro se traga la única seguridad posible: estar viva. Ahora: tarde de sábado, sonó el celular en mi cintura mientras elegía manzanas rojas en el supermercado Nacional de la Lope de Vega. Eran las cuatro y veinte. Mi primer impulso fue no atender, no oír, pero respondí. Era Abreu.

—Hola, ¿Abreu?, dime.

—Mira, necesito que vengas para mi casa.

—¿Ahora?

—Sí, es urgente.

—¿Estás bien?

—No.

Pago las manzanas y me subo a mi carro. Me meto en el tapón y recorro cada una de los tramos con paciencia y el pie más en el freno que en el acelerador. Espero que Abreu no esté en un brote suicida o que no tenga a la mujer estrangulada. En realidad, no lo quiero, o quizás, más bien deseo que Abreu me reciba con una bata verde turquesa de seda china, me abrace con fuerza y me invite a nadar en el río Isabela. Sí, sería fantástico, él y yo desnudos venciendo la corriente, evitando llegar al mar, como peces de agua dulce que saben con certeza que la sal les destruirá las branquias.

Cojo una manzana y la muerdo. Hace cinco minutos que no avanzo. Sé que me gustaría abrazar a Abreu, recostarlo en la arena, verlo dormir con mis ojos de colirubia sin párpados; velar sus sueños; susurrarle con el pensamiento que nada va a suceder, que la Tierra ya no gira, que la poesía solo existe para decir y la danza para movernos, que la brisa de diciembre es el clima, que su hermano no ha muerto porque nunca nació, que Indira se graduó de bordadora y solo diseña flores multicolores para camisetas blancas de algodón orgánico, que su madre y su mujer ya no se pasan la mitad de la vida en el salón, que su beba sonríe cada vez que tiene hambre y que la justicia dejó de ser ciega luego de una operación láser en una clínica de Naco.

Soy un pez, pero deseo ser una mujer para apretar los muslos de Abreu entre mis rodillas, mientras sueño con los besos de Diego, la atención de los varones en la fiesta navidad, los del bar de San Telmo, y me atrevo a meterle la lengua entre los dientes, la mano derecha le baja la bragueta y la izquierda le acaricia la nuca. Me estoy excitando y me gusta, me confirma que estoy viva. Suena, nuevamente el celular, pero esta vez no lo atiendo.

Me adentro por la ribera del río Isabela y llego al apartamento de Abreu, no encontró nada decente cerca de Patología Forense. Desde que la mujer lo dejó a causa de su obsesión enfermiza por la justicia, se mudó, se exilió y se instaló en un edificio donde casi todos los vecinos consumen cocaína o al menos eso parece. Abreu, todavía no se suma a las prácticas barriales, pero lo aceptaron. Forman un bello grupo humano: publicistas, fotógrafas, periodistas, biólogos marinos y ahora un médico legista.

Antes de tocar el timbre ladra Sócrates, el perro realengo que Abreu se trajo del Instituto. La puerta se abre y el olor a tufo a alcohol casi me voltea, está borracho, huele a ron. Suena otra vez el celular, ahora respondo:

—Dime —sabía que era Luis Miguel.

—Te estoy esperando hace media hora.

Me quedo azorada: no recordaba haber quedado en una cita con mi marido.

—Excúsame, pero se me pasó.

—¿Qué es esa música?

—Creo que Eric Clapton —respondo con absoluta naturalidad.

—¿Dónde estás?

—Entrando a casa de Abreu.

—Ok —dice, y me cierra.

Por mi parte, cierro y no le doy ninguna importancia. No me preocupa en lo más mínimo. Ya nada me importa, total, seguía en el mismo lugar: no era un pez, y lo peor era que aun vivía en la pecera y nadie pegaba la nariz, ni pasaba la noche en vela. Además, si me iba matar, que lo hiciera después de que me sirvieran un vaso de cuba libre.

—María Alejandra, ¿tú bebes?

—Veo que tú sí.

—Bueno, estoy en baja total y...

Nos reímos, cómplices, mientras me prepara el trago y me lo pasaba. Cuando comenzamos a hablar, estábamos sentados en el piso: la casa era un páramo, la mujer no le había dejado ni una silla, ni un tenedor. Se quedó con la vajilla, los manteles, las copas de cristal, la niña, las fotos de la boda por la iglesia y su rabia. Por suerte, el corazón quedó en su pecho, aunque latía arrítmico: cada tanto, se detenía.

—Bueno, man, no te veo tan mal.

—Lo de "man" te quedó bonito —me dijo sonriendo.

—Pero, ¿por qué me dijiste que te sentías mal?

—Porque me siento muy mal...

—No te preocupes, es por la culpa. Sientes como que mataste a tu hermano.

—No, no es eso. Me siento mal porque habría preferido matarlo yo mismo.

—Mierda —digo, y pienso que el psicoanálisis no sirve para nada, y menos para un pequeño burgués que acaba de renunciar a su condición.

—Por eso maltrataste el cadáver.

—No sé.

—Pero, ¿por qué, entonces quieres que se haga justicia?

—Porque debe saberse la verdad, por más dolorosa que sea, y el hermano de Mireya no es el asesino.

—¿Sabes quién fue?

—Alguna de las tres mujeres.

Ahora suena el celular de Abreu. Lo coge, pregunta por su hija y lo cierra.

—Pero, si se sabe, va presa.

—Ese no es el punto.

—No te entiendo.

—Una cosa es matarlo, aunque se lo merezca, y otra es pagar por un crimen.

—Es cierto.

—Quien haya sido de las tres, recibirá atenuantes.

—No fueron pocas las veces que mi hermano me traía a Mireya al consultorio para curarla después de las palizas que le daba. Es más, creo que él tenía relaciones con su propia hija.

—¿Con Indira?

—Sí, claro.

—Pero eso es una monstruosidad...

193

—¿Por qué crees que me arrepiento de no haberlo matado yo mismo, aunque se jodiera todo, aunque me jodiera para siempre?

—Bueno, ya está todo bastante jodido.

—Y no me di el lujo de matarlo.

—Abreu, pero, ¿y la abuela?

—Me parece que la ataba.

Pongo cara de madre mía.

—¿Entiendes por qué quiero que se haga justicia? Tiene que salir todo a relucir, todo, y eso es lo que no quiere mi madre. Se niega a admitir que su hijo fue ajusticiado, que la única manera que encontraron esas mujeres para librarse de él fue matarlo.

—Sí, te entiendo, pero esto es muy delicado, no se pueden dar mensajes equivocados.

—¿A quién?

—A las mujeres, como quien dice: "Ok, chicas, a matar cabrones".

—No te equivoques, Giraldo, esto no tiene nada que ver con la violencia doméstica. Esto tiene que ver con la verdad. Y en todo caso, si alguien quiere fabricar un mensaje, sería para los cabrones: "Cuidado, que los pueden picotear".

II

Vuelven a sonar los celulares: el mío, el de él y respondemos con monosílabos o con largas intervenciones que incluyen explicaciones, paciencia y hartazgo. No tocamos los bordes de lo erótico: estamos lejos, muy lejos del deseo. Las conclusiones lógicas y psicológicas habitan el espíritu de la conversación. La noche llega sin ningún reparo y ya no suena Eric Clapton: hace rato que el horizonte del ruido son los grillos de las riberas y la lejana bachata de los colmadones de las inmediaciones de la Jacobo Majluta.

Decidimos que comer es una buena idea y salimos al mundo exterior cargados de un hambre milenaria que nos sacude las paredes del estómago y nos excita las glándulas salivales al punto de pararnos en un chimichurri y atragantarnos con un sándwich de pierna salpicado de ketchup y salsa picante. Bajamos el sólido con un vaso y medio de refresco rojo, sentados en sillas plásticas color blanco, ubicadas al lado del camino. Los motores nos llenan de humo, la luna brilla por su ausencia y volvemos paulatinamente a instalarnos en el orden de lo real, a percibir cada cosa en el lugar donde creemos que deben estar. Soy otra vez una mujer sirena que teme por todo y se esconde de sí misma en la última gaveta de la ropa interior. Cojo el celular y llamo a mi marido: no lo atiende. El miedo me martillea las orejas.

Abreu, por su parte, se mantiene lejano, no quiere parar hasta llegar al fondo. Somos dos hijos de la pequeña burguesía latinoamericana: uno en una pelea encarnizada con la verdad, la otra en una disputa pendeja con las apariencias. Uno médico y legista, la otra psicóloga y delirante. No entiendo cómo me permito tanta lucidez reflexiva, incluso, más que la de Abreu, a pesar de sentir tanta cobardía en la acción. Mi situación es muy fácil de resolver: un divorcio. La de él es mucho más compleja y heroica: se trata del asesinato de su hermano. Asesinato que lleva implícito un dilema terriblemente dramático: la justicia del sistema judicial y la de la vida. La culpa y el castigo objetivo y la razón valedera e inevitable. El cuento imposible del destino: hacer lo que hay que hacer, sin importar el precio.

Evidentemente, alguna de las mujeres mató al hermano de Abreu, no hay otra alternativa. ¿Qué iban a hacer? ¿Acudir a la policía? ¿Poner una querella en la Fiscalía? ¿Venir a nuestro Instituto para recibir charlas de autoestima o citarlo —al actual muerto— para que dejara de ser un ingeniero abusador, padre de cuatro familias, perverso polimorfo e incestuoso? En realidad, aun, me parece demasiado monstruoso este asunto de que se acostaba con Indira y ataba a la vieja. Es que, ¿cómo lo haría, a punta de pistola? Qué sé yo. Ya no sé nada. Antes creía saber algo de la conducta humana. Creía firmemente en la prevención, asumía el trabajo con una fe ciega en la sociedad y en la voluntad de las personas por cambiar. No podía asomarme a lo monstruoso que pueden ser un hombre o una mujer. Pero eso eran puros trucos de cámara y melindres de niña malcriada: ya sabía que lo sórdido se topa con el gozo, pues, yo mejor que nadie había jugado con ese borde horrendo. ¿Acaso no había sido mi legítimo esposo quien me había intentado asfixiar con su pene?

Era hora de admitirlo, no todo se puede reparar, la resiliencia no llega tan lejos. A pesar del Himno a la alegría en Navidad o de La internacional el primero de mayo, hay asuntos negros que no tienen solución y el final es implacable y terrible. La única forma que tenían esas mujeres de merecerse a sí mismas, era matando al hermano de Abreu, porque, definitivamente, ya estaban condenadas a la marginalidad, a la pobreza, a la discriminación, a la muerte. Lo hicieron, quién sabe cuál de las tres, quién sabe cuál pagaría. Lo cierto era que las tres estaban destinadas a liberarse convirtiéndose en asesinas. ¿Quién se atrevería a librarlas de ser asesinas? Abreu tiene planes de convertirse en héroe.

Definitivamente, hay vidas que solo se pueden vivir así. Otras, por suerte, pueden permanecer en el plano social y con una pastilla, acupuntura, terapia cognitiva, misa semanal o viajes a París en primavera se soportan. Para esas vidas existen los psicólogos, los médicos, los abogados y la fe en la ley. Para las otras, existen Dios y el Demonio. Los ingenuos, como Abreu, intentan obrar como ángeles, pero no saben cuánto duele la caída...

El hambre se sacia y volvemos al parqueo de su casa para que yo recoja mi carro. Me voy, pero antes le doy un abrazo y le prometo que juntos vamos a llegar hasta el final, no importa el precio. En un mes comenzaba el juicio y era fundamental trabajar con Indira y traer a la abuela del campo. Sabíamos que sus padres y su mujer serían un problema, pero se vería. Por las mañanas trabajaríamos en el Instituto y, en las tardes, me iría a instalar a Patología Forense con él y el Ayudante del Fiscal para atar cabos sueltos, mientras la familia de Abreu invitaba a cenar al juez al Vesubio. Yo, por mi parte, ofrecí seducir al magistrado, en caso de ser necesario. En este país, cuando lo que se enfrenta es simplemente el bien y el mal, todo —absolutamente todo— es legal.

Encendí el carro, tomé la carretera de la Isabela hasta la rotonda de Arroyo Hondo, bajé por Camino Chiquito hasta la Lope de Vega y doblé en la Rafael Augusto Sánchez. Hice una izquierda y me detuve en el portón de mi casa. Salió el guachi y me abrió la puerta. En el parqueo no estaba el carro de Luis Miguel, y en la casa no había nadie, ni mis hijas. Sobre la mesa de la sala encontré una nota: "Nos fuimos al D.F. a visitar a mi mamá, volvemos el miércoles".

Me acosté a dormir. Estaba exhausta.

III

Me despierto cansada, no puedo ni desear ser un pez. El domingo ya se asoma al mediodía y me levanto a buscar café en la cocina. Me vuelvo a encontrar con la nota de Luis Miguel y creo que es una broma. Dice que estarán en algún resort y que en la tarde volverían. Aunque nunca me había hecho ese tipo de bromas. Voy a la habitación de las niñas y no encuentro nada fuera de lo habitual. Reviso el closet donde se guardan las maletas y están ahí. Por último, busco los pasaportes y no están. Comienzo a preocuparme. Llamo al celular de Luis Miguel y no lo coge. Ya comienzo a creerle, no puedo entender cómo las sacó del país sin mi autorización. Me asfixio, comienza la tos.

Voy a la nevera a buscar el ventolín. Siento los estragos de haber fumado la noche anterior. Me alivia la primera bocanada de medicina, la segunda me marea. Siento que voy a desmayarme y estoy sola, muy sola. Quizás muera de una vez por todas y se acabe el sufrimiento. No puedo aguantar, es demasiado. Nunca habría imaginado que él sería capaz de quitarme las niñas...

Apenas llego a mi habitación, me tiro en la cama y alcanzo el celular que había quedado en la mesita de noche. Llamo a Rosalba y promete venir de una vez. Me desmayo con comodidad y nado en un estanque de lágrimas secas. Me raspo, me duele la piel, ardo por dentro y siento una mano que me acaricia la frente. Puede ser la de Diego o la de Abreu o la del muerto asesinado por sus víctimas. Me hundo en el fondo del estanque y respiro barro y soy el único pez que sobrevive en el lodo, en el fango de la amargura. Quiero volver, salir a la superficie y encontrar la puerta de escape. Pero todos sabemos que es tarde. Estamos hundidos, muy hundidos. Todos: yo, Luis Miguel, Abreu, Indira, Mireya, la abuela y el muerto, sobre todo el muerto.

Me despierta Rosalba: el guachi la había dejado pasar.

—María Alejandra, ¿tú estás bien?

No le puedo responder, la miro y no me salen las palabras. Me pasa la mano por la cabeza, me busca un vaso de agua y llama a Abreu. En cuestión de minutos, él está frente a mí, tomándome el pulso, auscultándome el corazón y mirándome a los ojos. Me inyecta algo y me duermo. Cuando despierto, es de noche, lo sé: se escuchan los grillos lejanos. Los dos siguen ahí.

—¿Cómo está, Giraldo? —pregunta Abreu sin mucha preocupación.

—Mejor —respondo en modalidad neutra.

—Llamó tu suegra —anuncia Rosalba en tono de preocupación.

—¿Qué dijo?

—Que te quedes tranquila: las niñas están con ella. Ya le avisó a tu mamá y está volando para México.

—No entiendo qué pasó —digo sin ánimo.

—Ella tampoco.

—Pero, ¿y Luis Miguel?

—Dejó las niñas y se fue a Mérida.

—Entramos en el terreno de la demencia.

—No te mortifiques —me dice Abreu —hace rato que la pista de patinaje se convirtió en un campo minado.

Intento levantarme para ir al baño y lo logro. Rosalba me acompaña y no hablamos. Vuelvo a acostarme y Abreu me dice que tuve un pequeño espasmo bronquial producto del impacto emocional, que no me preocupe, que me van a ayudar, que las niñas son dominicanas, que mi suegra y mi madre lo van a hacer reflexionar, que fue un impulso, que todo se va a resolver. Lo único que atino a decir es:

—Me tengo que divorciar.

—Es justo y necesario —agrega Rosalba.

Abreu solo me clava los ojos en mi mirada y suena su celular. Habla por espacio de quince minutos en la sala. Le digo a Rosalba que estoy cansada de fingir que puedo seguir adelante con Luis Miguel, con la vida en el extranjero, con el dolor de la injusticia; que extraño mi tierra, que voy a volver y tratar de olvidar que abandoné mis raíces, que me perdí a mí misma, que ya estaba bueno, que este jueguito pendejo de vivir con el mero-mero había llegado muy lejos. Rosalba me abraza y me aclara que va ser una batalla dura, pero que cree que la ganaré.

Abreu vuelve a decirme que mañana salimos para San Juan de la Maguana: la abuela se puso mala y quiere hablar. También dice que hay que llevar a Indira y que va a pagar la fianza de Mireya. Actúa como un verdadero hombre: la acción ante todo. Rosalba interviene y le reclama a Abreu por su insensibilidad.

—¿No te das cuenta de lo que le pasa? Con lo de ella tiene bastante.

—Lo de las niñas se resuelve. Fue una cabronada. Se puso celoso y, como tiene dinero y poder, los usó. Pero esas niñas están acá en menos de una semana, no te preocupes.

De alguna manera, yo tenía la misma certeza. Lo que me desesperaba era lo que vendría, no esta reacción. Lo que realmente me iba a doler sería la indiferencia de Luis Miguel. Porque, como bien dicen: "No es lo mismo llamar al diablo que verlo venir".

Suena el teléfono, es mi suegra. Hablo con ella y con las niñas y las noto tranquilas. No se sienten aterradas, se las oye como quien va a visitar a la abuela. Digna me cuenta que Luis Miguel apareció esa mañana y le dijo que la quería muchísimo, que le cuidara las niñas hasta el miércoles y que se iba a Mérida a resolver unos asuntos pendientes. Me pide que no me preocupe, que el miércoles ella y mi madre vendrán para Santo Domingo con Ana y Lucía. Le pregunto cuándo llega mi madre y me dice que el lunes en la mañana. Cierro y le doy la razón a Abreu. Es más, comienzo a notar un atisbo de humanidad en mi marid. ¿Qué habría ido a hacer a Mérida?

Abreu se va y me abraza diferente, me pasa la mano derecha por la mejilla como un hombre y siento ternura. Rosalba se queda a dormir y hablamos hasta las dos de la mañana. Finalmente me duermo y nado en un estanque de lágrimas saladas, tan saladas que me matan. Despierto cuando sale el sol y llamo a la casa de mi cuñado en Mérida y me lo pasan.

—¿Qué pasó?

—Estoy resolviendo unos asuntos pendientes.

—¿De negocios?

—Personales.

—¿Por qué te llevaste las nenas sin avisar?

—Nada, quería que vieran a su abuela.

—Pero, debiste decírmelo, organizar...

—No hagas tanto drama, el miércoles están allá y con suegra y madre incluidas.

—Está bien, no vamos a discutir. ¿Puedo saber qué haces en Mérida?

—Busco un hijo que tuve en la adolescencia.

Soy incapaz de dar respuesta a tamaña confesión y le pregunto:

—¿Cuándo fue que cambiaste tu actitud? En Buenos Aires estabas insoportable.

—Mira, cuándo cambié o hice inside o reflexioné o lo que sea, no importa.

—Entiende, me llama la atención.

—¿Cómo psicóloga o como esposa?

—Si te soy sincera, no sé.

—A las dos tengo para decirles que un machista mexicano también es una persona.

Me duermo, el universo está en orden y me vuelvo a despertar con deseos de nadar como una mujer, no como un pez.

IV

Todo se encausa casi sin esfuerzo, la resolución de los conflictos parece más voluntad de un dios generoso y hecho a nuestra medida, que el resultado de un trabajo arduo y penoso. De pronto, nos humanizamos, dejamos de vernos como rivales y asumimos los sentimientos sin demasiados aspavientos ni dramas. Mis hijas vuelven el miércoles con sus dos abuelas y el padre. Abreu y yo nos dedicamos a darle cabeza al caso de su hermano durante veinte tardes, entre los cadáveres podridos de patología forense.

A Indira la mandamos a hipnotizar con uno de los pocos psicoanalistas de la ciudad. Mireya sufre de un ataque de asma en la cárcel y la sacamos para que la atiendan en el Morgan. La abuela viene desde San Juan de la Maguana y se queda en mi casa y, finalmente, al prófugo lo encuentra la policía en un pueblo del Este vendiendo caracoles en la playa. Pero aun no logramos determinar quién mató al hermano de Abreu.

La cercanía inmediata y rampante con la muerte me va penetrando primero por la nariz, después por la visión y finalmente se me instala un verdor transparente en la piel, una especie de pátina tanática que me cromatiza hasta el alma. Discutimos hipótesis de asesinato entre pedazos de mandíbulas, fragmentos de huesos occipitales y vísceras en putrefacción. Bebemos del jugo de china que preparan a la vera de la Autónoma y comemos empanadas de salami y queso. Los primeros días nos quedamos hasta las siete de la noche, pero, una semana antes del juicio, duramos hasta las tres de la mañana leyendo declaraciones y atando cabos.

—Doctor, permiso —dice uno de los conductores de la ambulancia de la policía.

—¿Sí? Dígame.

—Es que acabamos de traer un tipo ahí que lo mataron en casa de su mamá, en circunstancias bien extrañas.

—Pónganlo en la nevera —ordena Abreu.

—Está llena.

—Ok, tráiganlo para acá.

Jamás imaginamos lo que veríamos. Yo me puse a vomitar y Abreu perdió el aliento. En mí, era comprensible; en él, solo se podía justificar si el caso era tan tétrico como parecía.

—Pero, ¿qué carajo pasó? —le pregunta a los policías.

—No está muy claro, se están tomando declaraciones.

—Aparentemente, aquí faltan partes.

—Mire, doctor, no quiera ni saber el embarre que había en esa casa. Hasta la mai tenía un pedazo del tipo en el bolsillo de la bata...

—Pero, ¿y ella, en qué estado está?

—En blanco, como una muerta que respira.

—¿Quién los llamó?

—Fue una vecina que entró a devolverle algo a la doña y la encontró en la galería meciéndose sin hablar y vio desde afuera el desastre de la sala.

—Pero, ¿nadie oyó nada?

—A juzgar por lo que vimos, fue un trabajo silencioso.

—Bueno, quizás primero lo envenenaron con algo que lo durmió y después hicieron el trabajito.

—Quien lo hizo, se lo despachó delante de la mai. Qué animal.

—Quizá fueron varios —me atrevo a opinar.

—Lo más probable es que sea una venganza de algún narco. Pero hasta que no se investigue no se puede saber...

Abreu se sobrepone al asco y yo salgo al parqueo a tomar aire fresco: es febrero y se puede. La noche está callada y apenas se sienten pasar carros por la Correa y Cidrón. Son las doce de la noche y suena mi celular. Es Rosalba para decirme que la hipnosis de Indira era muy probable que nos diera una clave. Llamo a mi mamá para ver cómo están las niñas y me dice que todo está bien, que Digna y Luis Miguel salieron a cenar y que la abuelita de Indira está rezando como desesperada desde las seis de la tarde.

—María Alejandra, ven, entra, ya lo adecenté.

Le cuento lo que me dijo Rosalba y me dice que quiere abrirle el estómago al muerto recién llegado porque, a pesar de la mutilación bestial, no encontró signos de pelea, y que los tejidos están relajados.

—Creo que primero lo mataron con algún somnífero y luego lo cortaron.

Entro, me siento en la butaca circular y negra, miro a Abreu cumplir con su oficio de patólogo y no estoy segura de desearlo, sin embargo me le acerco por detrás, mientras busca el estómago en lo que le queda de abdomen al cadáver fragmentado, y le acaricio la nuca con la yema de los dedos. Sigue trabajando pero ahora le rozo el borde de las orejas con las uñas. Sin mirarme, dice:

—Encontré lo que andaba buscando.

Me aparto, vuelvo a sentarme en la butaca, lo veo sacar con una jeringuilla un líquido amarillento, se va y vuelve. En lo que vuelve, quiero ser un pez de día y una mujer de noche, una especie de ser mitológico intermitente. Una deidad transformista, un escape a lo imposible. Dos cuerpos con la misma conciencia. Pero no: yo era dos conciencias en un cuerpo: el mío. Una conciencia de pez y otra de mujer. Esa noche, ya no podía seguir haciendo burbujas de amor bajo la luna, pero tampoco podía seguir de piernas cruzadas, aunque con la falda que llevaba se veían muy bonitas y elegantes.

—Efectivamente, toneladas de diazepán.

—¿Y por qué no lo mataron y ya? ¿Para qué despedazarlo?

—Hay dos opciones: o quisieron dar un ejemplo para asustar a otros, o lo odiaban tanto que solo mutilándolo pudieron liberar el rencor.

—Asumo, que no fue una sola persona que lo hizo.

—Es probable.

Sigo sentada en la butaca. Él se saca los guantes, se lava

las manos, se las seca, se acerca hacia mí, me las pone en la cara, huelen a formol y me besa. Su lengua es dulce y mi corazón de mujer se contonea, mis branquias se lubrican y la noche entra por una ventana para depositar su oscuridad sobre la planta del único pie que se encontró del muerto.

V

Tanto cambiaron los acontecimientos que, la mañana del juicio, despertamos aturdidos en un motel de Haina. Abreu se levanta espantado y se da una ducha, yo solo atino a decir:

—Dios mío, las nenas.

—No te preocupes, ya todo el mundo sabe todo.

—No, no es eso: las he olvidado demasiado.

—Hoy se acaba todo.

—¿Qué es todo?

—Esta loquera del juicio, esta fiebre de verdad y autopsias.

No me parece oportuno volverme mujer y preguntarle por nosotros, por esta ternura apasionada que nació entre nosotros y de la que no sé hacia dónde se dirige. Antes de tomar una decisión, él me mira con una inmensidad descomunal y me confiesa su amor. No puedo responder.

Justo en ese momento, suena mi celular. Es Luis Miguel. Lo atiendo: no hay nada que ocultar, es imposible esconderse, la única opción posible es la verdad.

—Hola.

—María Alejandra, ¿estás bien?

—Sí.

—Tenemos que hablar.

—Lo sé.

—¿A qué hora vuelves a la casa?

—Cuando termine el juicio.

—Suerte, nos vemos.

Me baño yo también y nos subimos al carro de Abreu. Ya es de día, amanece en una ciudad desbordada de manera incontrolable y a la que solo la Cordillera Central y el mar Caribe son capaces de encapsular. Nos deslizamos por una autopista, la 30 de Mayo, vacía de toda densidad, el mar retoza y desayunamos en Villar Hermanos, a pocas cuadras del Palacio de Justicia. Él, mangú con huevo, y yo, café con leche y tostadas. Ni nos preocupa llevar la misma ropa del día anterior, el cabello mojado y las ojeras negras, como letreros de neón que indican claramente que se singó, y mucho. Ya no hay vergüenza, ni miedo; ya las cosas tienen el tamaño de lo real: han dejado de medirse con la imposibilidad de la acción. El peor de los escenarios siempre está en la soledad de la especulación, el resto es la vida con todo lo de sórdida y seductora que tiene. Los peces están en los ríos, en el mar, en los acuarios y hasta en frascos de mayonesa, y las sirenas se cantan entre ellas, y Yemayá está harta de las ofrendas florales. Ya no quiero ser un pez, no quiero que me hagan burbujas de amor bajo la luna, no quiero estar en la pecera, no quiero asfixiarme con el pene de mi marido, no quiero pasar las vacaciones en casa de mi madre masturbándome con el recuerdo borroso de Diego, no quiero seguir dividiendo el mundo entre la palabra y el deseo. Definitivamente, yo también amaba a Abreu, y lo único posible ante esta situación irrevocable era seguir amándose.

—María Alejandra, tenemos que buscar a Indira y a la abuela.

—Por la abuela no te preocupes: llamo a mi mamá y me la trae en un taxi. A Indira la puede buscar Rosalba. ¿Cómo te sientes?

—Bastante tranquilo.

—Tu familia, ¿viene?

—Supongo que mis padres sí.

—¿Tu mujer?

—Mi mujer eres tú.

No contesto, lo miro y busco mi celular en el fondo de mi cartera. Llamo a mi madre y a Rosalba. Acuerdo encontrarme con ambas a las nueve en las escalinatas de la puerta. Mireya y su hermano pasaron la noche la cárcel del Palacio de Justicia.

—Yo también te amo.

Después de pagar la cuenta, nos levantamos, nos tomamos de las manos y salimos decididos a cruzar la avenida Independencia y lo hacemos. Recorremos apenas cinco cuadras y llegamos: aun no son las nueve. Antes de bajar del carro, suena el celular de Abreu y lo atiende. Es la madre de su hija para pedirle por favor que no siga adelante. Le dice que deje que condenaran al hermano de Mireya, que él no va a cambiar al mundo, que piense en sus padres, que su hermano no se merece eso, que hay que respetar a los muertos, que su hija va a tener que vivir con esto, que por qué quiere hacerse el héroe delante de esa argentina feminista, que él es un hombre y que se comporte como tal. Él le contesta con absoluta calma, con una convicción pasmosa, con toda la razón de su parte.

—Después de todo, era mi hermano no era el tuyo. Mejor ten tú piedad.

Lo veo caerse, tambalearse, llorar. Lo veo atreverse a sentir todo el dolor que se puede sentir frente al asesinato de su hermano mayor. Siento sus lágrimas en mi pecho y lo abrazo. Le acaricio la cabeza y no le digo nada. Bajamos del carro y nos paramos en la puerta a esperar. Primero llega mi madre con la abuela y a los diez minutos Rosalba con Indira.

—María Alejandra —me dice mi mamá— estoy muy orgullosa de vos.

—Era hora, vieja, era hora.

Rosalba estaba concentrada en Indira. Finalmente, ella y la hipnosis lograron sacarle la verdad: al hermano de Abreu lo mataron entre las tres. La abuela lo admitió, y Mireya, al principio, intentó negarlo y culparse, pero al fin accedió a confesar. El hermano acusado, muy por el contrario, intentó detenerlas.

El juicio no es tal: todas confiesan y explican las razones: golpes, violaciones, incesto, perversión y demás fabulosidades. Se acompaña todo con peritajes psiquiátricos y algunos testigos del barrio. También comparece otra mujer del hermano de Abreu con una niña de doce años y vuelve a relatar el mismo horror. Los abogados que puso la familia ni siquiera intentan seguir adelante. La Fiscalía está sorprendida del nivel de perfección del caso que les armamos. El juez manda a callar a todo el mundo y dicta sentencia. La prensa hace su festín. Abreu se desploma en mis brazos al salir del juicio. Lo llevo a la emergencia de la clínica de enfrente y le diagnostican presión alta. Suena su celular: es su madre. Atiendo yo y se despacha con un discurso del estilo: "Siempre envidiaste a tu hermano. Él era un verdadero hombre. Él te hubiese apoyado a ti en cualquier cosa, eres una calamidad, un fracaso".

Le respondí a lo último que dijo:

—¿De qué lado está? Su hijo está del lado de la verdad y la justicia...

—En este país a nadie le interesa la verdad y menos la justicia.

—Lamento no estar de acuerdo con usted, señora.

Todavía tengo el teléfono de Abreu en la mano cuando intentan sacarlo del tercer paro cardíaco. Uno tras otro, en la emergencia. No hubo tiempo de llevarlo a cuidados intensivos. Todo fue inútil: se muere ante mis ojos. ¿Quién habría de hacerle la autopsia? Llamo a su mujer y al rato comienzan a desfilar los padres, madres, primos, allegados. Se adueñan del cadáver del único hombre al que realmente amé, y se van sin saludarme, sin siquiera decirme: "Lo llevamos para tal o cual funeraria". Salgo a la calle y comienzo a recorrer el parque Hostos. Le doy más de quince vueltas y llamo a Rosalba. A los quince minutos está ahí, con mi madre y Luis Miguel. Siento que, entre los tres, me suben al carro de alguien y pierdo el control.

Me despierto ahogada, me afixio, no puedo respirar. Logro buscar la medicina del asma, me doy una bocanada y de inmediato me alivio. Mi cuerpo no me pertenece, llamo a mi madre. No sé si es de noche o de tarde. Aparece Morena, me salgo de la cama y me vuelvo a desmayar. Siento voces que palpitan en la claridad de la inconsciencia. Caigo y llego al fondo de la tolerancia.

Ahora estoy otra vez en la cama de una clínica. Tengo la aguja de un suero perforando una de las venas de mi mano izquierda. Luis Miguel habla con un médico y mi madre me pasa la mano por la cabeza. Siento el sopor de los antialérgicos y la aceleración de los broncodilatadores. Entre los dos me mantienen en control, hasta que se reducen las dosis y me toca llorar amargamente por estar viva y haber perdido el deseo de ser un pez.

Ya no quiero ser un pez, ya no quiero nada. Ya no quiero verdad ni justicia, ya no quiero prevenir la violencia familiar. Ya ni siquiera puedo odiar a mi marido, apenas pienso en mis hijas y en mi madre.

VI

Algún tiempo después, me hallo convaleciente tendida en mi cama. Rosalba entra a mi habitación, y me dice:

—M'hija, ya pasaron dos meses. ¿Qué tú piensas hacer?

—No sé.

—Luis Miguel piensa mandarte para Argentina con tu madre y llevarse él las niñas a México. Ponte las pilas.

—Mira, yo no puedo hacer nada.

—Pero, ¿vas a dejar que te saque las muchachitas?

—Son sus hijas.

—Pero tú eres la madre, no es lo mismo.

—Sí, es lo mismo. ¿No trabajamos en el Instituto para que sea lo mismo un padre que una madre?

—Bueno, esa es la teoría, pero del dicho al hecho... Tú sabes... Los hijos son de la madre.

—No, Rosalba, los hijos no son de nadie.

217

—Bueno, tú sabes lo que haces.

—No, manita, yo no sé nada. Estoy muy triste.

Cuando se va Rosalba me levanto y busco mi cartera. Todavía tengo el teléfono de Abreu entre mis cosas. Nadie me lo pidió. Llamo a su madre y le doy el pésame. Llamo a su mujer y le digo que lo siento, y ella me responde: "Y yo lo siento por ti también. Sé cuanto lo querías. Yo dejé de quererlo apenas nos casamos, esperaba otra cosa". Le digo: "Bueno, eres joven, vas a poder rehacer tu vida". Me dice que sí, que yo también, seguramente. No le respondo.

Al día siguiente le pido a mi madre que me acompañe al cementerio para dejarle unas flores a Abreu. Me siento mareada, pero logro atravesar la fila de tumbas y encontramos la tierra amontonada, una cruz de madera provisoria con un letrero en tiza que dice: "Evaristo Abreu 1955-2000". La tumba de al lado es la de su hermano: se murieron el mismo día pero con un año de diferencia. Un año y dos muertes. Un año y un deseo muerto: ya no quiero ser un pez.

Salimos, y mientras bajamos por la Máximo Gómez, a la altura de las Industrias Banilejas, donde el aire se puebla de café, canela y chocolate, mi madre me pregunta:

—¿Qué vas a hacer María Alejandra?

Y le respondo:

—No tengo ni puta idea.

Santo Domingo, 2008

Índice

Índice

Esta segunda edición de *Quisiera ser un pez,*
de Mónica Volonteri, se terminó de editar
en el mes de mayo de 2018, en Santo Domingo,
República Dominicana, bajo los cuidados
de Ediciones Bangó.